比木神楽

百済王族祭祀と高鍋神楽の広がり

前田　博仁 著

みやざき文庫144

地域文化の中核、比木神楽

——発刊によせて——

比木神社宮司　橋口清文

昭和四十四年、比木（高鍋）神楽は、床に膝をつけて舞う座舞、つま先を立てる、かかとを上げるなどの動きで前に進む居舞、一番神楽は両手を左右に広げ、両膝を四股状に広げて深く腰を落とす所作、さらには舞いぶりが勇壮活発等など特徴があるとして、宮崎県の無形民俗文化財に指定されました。

高鍋神楽は宮崎県北部および北西部の夜神楽圏、県中・南部の昼神楽圏の境目に位置し、東児湯で広く舞われています。

比木神社は毎年十二月の第一土曜日、金銀の御幣を中心に特殊な山（柴垣）を設けて三十六幣を奉り、斎庭《ゆにわ》には記紀の神々、土地の神々を勧請して、朝日の昇る刻《とき》まで報恩感謝の夜神楽を奉納いたします。

朝三時頃、他の地域では類のない第二十七番「寿《じゅ》の舞」が奉納されます。どこかにいそうな老人の面を着け、翁の舞様《まいざま》で動きが遅く、一度拝観すると再び見たいと思うほどの、おもしろい舞であります。

比木神楽は今までに伊勢神宮での奉納をはじめ、県内外の公演、また韓国太田《テジョン》万博、百済文化祭、日韓交流おまつりソウル会場、全州《チョンジュ》神楽公演など日韓関係の難しい中、韓国の人々にも見ていただき、拍手喝采を浴び日韓文化交流にも尽くしています。

さて、このたび前田博仁先生が『比木神楽』を発刊されますこと、衷心よりお慶び申し上げ、大変有り難く感謝申し上げます。

何年も前より比木神社のお祭り全てに足繁く参拝され、祭り内容に加えて史料まで詳しく調査の上、多様にわたり記されています。

この本を糧に、連綿と続いている伝統ある比木神楽を、後世に正確に継承し国の文化財指定へ向かっていくことが、今後の私たちの使命と再確認しているところでございます。

最後に先生の熱意とご苦労に敬意を表し、益々のご健勝とご活躍をお祈り申し上げます。

令和二年十二月

目次

第二章　比木神楽および比木神社祭祀

題字揮毫　比木神社宮司　橋口　清文

比木神楽

――百済王族祭祀と高鍋神楽の広がり――

序章　二つの亡命が結ぶもの

高鍋藩と比木神社

江戸時代、高鍋藩は比木大明神（比木神社）を藩主秋月氏の氏神として特別な扱いをしている。例えば藩主が高鍋に初入部したとき、先ず比木神社に参っているし、参勤交代出府でも必ず参詣する習わしであった。他にも比木神社の神楽をはじめ祭祀のとき、家老を代参させているし、百済王族伝説に関わる祭祀「お里まわり」にあたっては、藩は役所を休みにし家臣は登城しなくてよかった。そのうえ者頭以上の上級家臣には酒や膳を与えている。

寛政十年（一七九八）は日照りが続き、損毛高は六八八六石だった。翌十一年も六月七月は降雨がなく領内各地で雨乞祈禱が行われた。藩は七月二十五日、虫追いとか風祭り等の祭礼見物禁止、祭り行事そのものを停止しているが、同年九月十七日のお里まわりは実施、領民の見物は許している。比木から城下へ神幸する祭りを庶民だけでなく武士も奉祝するなど、特別扱いをしているのである（※1）。

秋月氏遠祖を祀る白山宮跡（舞鶴神社側）

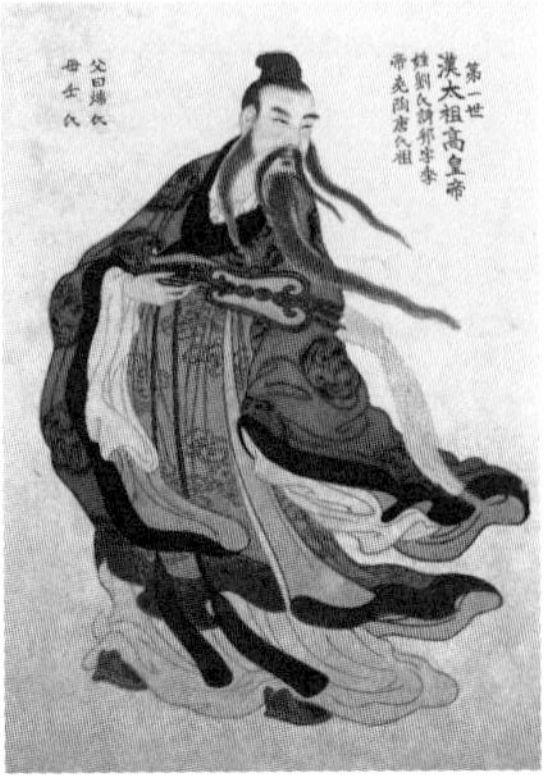

高祖　高鍋町歴史総合資料館

高鍋藩主秋月氏の遠祖と白山宮

秋月氏は漢（中国）の高祖を遠祖とする。高祖の後裔霊帝の曾孫阿知王は魏の乱を避けて日本に亡命、帰化して播磨の明石に居住した。応神天皇（※2）から大和国檜前を与えられてその地に居を移し、朝廷の信頼が厚く百済の博士王仁と内蔵出納の職に任じられた。

曾孫掬の代になり雄略天皇（※3）が大蔵を建て、掬はその責任者に抜擢され大蔵姓を賜り、建仁三年（一二〇三）武田有義の乱で功があったとして筑前秋月荘（福岡県）を給わり姓を秋月に改めた（※4）。

時代はくだり天正十五年（一五八七）、豊臣秀吉の九州仕置で島津側であった秋月氏は高鍋に移封となった。

白山宮は秋月家の祖神、漢の高祖をはじめ阿智王ならびに歴代城主を祀る。

白山大権現は元もと百済国主である故、白山を号し、秋月大蔵の氏神である。筑前秋月村白髪岳に鎮座していたものを、高鍋移封に当たり八幡宮と同所に祀り、社領一五石を給した（『高鍋町史』・『高鍋町の文化財第二集』）。

明治初期舞鶴神社に合祀。舞鶴神社の東、大クスの西に白山宮跡がある。

二つの亡命

藩が比木神社祭祀に理解を示すのは、百済王一族の日向国亡命と秋月氏遠祖の日本亡命を、ほぼ同時代、中国から日本に亡命した者同士、秋月氏自身の経緯と百済王族祭祀が重なり、同じ境遇と親近感をもったのかもしれない。

漢と百済では国が違うと思う向きがあるかもしれないが、古代から近年まで地続きの朝鮮半島は中国領土であり、百済は領内一地方の小国に位置付けされ、常に中国の干渉と支配を受けた。さらに両亡命一族同士が奇しくも高鍋で縁があることは、単なる偶然ではなく運命的、宿命的な必然性があったと思ったのかもしれない。

これが高鍋藩の比木大明神に対する特別な肩入れの背景にあったと思われるのである。

比木神楽の誇り

本書は比木神社（比木大明神）に伝わる比木神楽に焦点を当て、高鍋神楽の現状と比木神楽が

高鍋神楽発祥地碑
比木神社境内

周辺地域の神楽に影響を与えた状況などをできる限り明らかにする試みである。

高鍋神楽が第二次大戦後の混乱期に壊滅状態となり、昭和三十年ごろから神楽保存の風潮が高まるなか、高鍋町の愛宕・八坂の二社、川南町の白髭・平田《へだ》の二社、新富町三納代《みなしろ》の八幡神社、それに比木神社は六社連合大神事を結成、各神社は六年に一度奉納することで保存顕彰に努めることになった。しかし比木神楽だけはそれまでどおり大祭で神楽を奉納し現在に至る。それは比木神楽が「高鍋神楽の基」、「比木が高鍋神楽発祥の地」という誇りが支えていると思われる。

※1『宮崎県史料第三巻　高鍋藩続本藩実録（上）』宮崎県
※2 記紀に記された天皇。五世紀前後に比定される。
※3 記紀に記された五世紀後半の天皇。
※4『宮崎縣史蹟調査第五輯　児湯郡之部』宮崎県

第一章　比木神社と神仏習合

比木神社

一　比木神社

比木神社は宮崎県木城町大字椎木字比木に鎮座、旧郷社。祭神は大己貴命《おおなむちのみこと》、三穂津姫命《みほつひめのみこと》、福智王ほか。江戸時代まで比木大明神と称し、新納《にいろ》総鎮守として神領五二石五斗が給された。社伝に成務天皇（※1）が武内宿禰《たけのうちのすくね》を遣わし、国・県・邑・里を定めたとき当地の宗廟として崇められ、創建は仁寿二年（八五二）というが詳細は不明（※2）。

1　新納総鎮守

新納総鎮守の新納とは、鎌倉期から戦国期にみえる地名で、ほぼ現在の木城町、高鍋町、川南町、都農町を中心にして、北は日向市東郷町、南は新富町に及ぶ地域をいい、近世に入っても広域呼称として使用された。

また、比木は現在木城町の一字名として残るが、中世史料では新納院比木とされ、現在の木城町から高鍋町を含む地域を指していたとみられ（※3）、比木神社は近世には高鍋藩の全域、中世はそれを超える地域の頂点に位置する神社であった。

2　比木大明神

比木大明神の建立年は不明。祭神は本地正《ほんじしょう》（聖）観音《かんのん》。高鍋藩から神領五二石五斗を給された。神殿は三間四方、拝殿は二間半に三間半、他に渡殿や御供屋があった。

寛文九年（一六六九）十二月二十二日に焼失し、同十一年二月八日に普請が始まり、火災から二〇年後の元禄二年（一六八九）には四代藩主種政《たねまさ》が二か所の鳥居、翌年には御殿と拝殿、渡殿などを寄進している。

境内には稲荷、一ノ宮、若御子などの小社、紅梅殿瑞離などが祀ってあった（※4）。明治二年（一八六九）比木神社と改称され同五年郷社となった。

古来より比木神社ではお鈴の口開け、裸祭り、お里まわり、大年下り、神門御神幸祭（師走祭り）、神事《かみごと》（夜神楽奉納）など多くの特殊神事が行われる。

なお、比木大明神の神領五二石五斗は、秋月八幡大神宮（城内）の二一石、藩主秋月氏の遠祖を祀る白山宮（城内）の一五石、天神宮（城内）の二七石より多く、領内最高の神領である。

3　藩主秋月氏の崇敬

江戸時代、高鍋藩主秋月家の氏神比木大明神への信頼は厚く、参勤交代出府前とか藩主初入部の際は必ず参詣、元日とか祈雨・祈晴などの祈禱には必ず家老などの代参があった。

祭事への参詣

『宮崎縣史蹟調査第五輯』に「歴代領主の尊仰厚く殊に旧藩主秋月氏所領するに至り、社領を寄せられ、祭事には参拝又は代参せしむるを以て恒例とし、領民亦深く尊崇して繁盛今も尚往時に異ならず」(※5)とあり、また次のようなことを伝える。

「秋月氏が筑前から日向国高鍋に国替になり、その後姫が病気になり御殿医百方手を尽くすが快方に向かわず、日一日と重体となった。誰でも病気平癒の志有る者は申し出るよう布告、大寺余惣エ衛門という鴫野の者が風雨寒暑の別なく比木神社へ日参し、平癒祈願したところ不思議に全快した。藩主をはじめ家老下々に至る迄悦びは一方ならず、直ちに比木神社に御礼参拝した。終夜御神楽を奏し、神恩感謝の誠を捧げて始まる」と(※6)。

明和二年(一七六五)十二月二十五日、正月元日の比木代参は者(物)頭が勤めてきたが、者頭から差し支えがあると申し出てきたので、泥谷形右衛門へ代参が仰せ付けられた(※7)。者

夏越祓い、茅の輪をくぐる

頭は一〇〇石から一五〇石が給され足軽諸組を統率する身分で、泥谷は二七五石、者頭より上席であるがその泥谷に決まった。元日代参は「相勤来り候」とあり、毎年藩を代表して参ったことが分かる。なお、半年後六月二十九日の夏越祓《なごし》いにも藩から代参があった。

初入部、参勤交代で比木参詣

享保二十年（一七三五）六月五日、六代藩主種美《たねみつ》が初入部した。同月二十八日種美は愛宕、比木、神明へ参詣した（※8）。初入部とは大名などが初めて自分の領国に入ることで、江戸時代、藩主の正室や嫡子は江戸屋敷に居なくてはならず、この年、種美は高鍋に初めて入国したのであり、藩主としての初仕事は人事、次が神仏参詣であった。

宝暦十一年（一七六一）五月二十七日には、七代藩主種茂が初入部、六月四日には九社参詣をしている（※9）。九社とは比木、比木明神、宮田、城内天神、高鍋大明神、八幡、白山、祇園、愛宕のことで、筆頭の比木とは比木大明神の別当長照寺のこと、比木明神は現在の比木神社に当たる。宮田は宮田神社のことで比木神社祭神福智王の妃を祀る。城内天神、高鍋大明神、八

高鍋藩参勤交代図（部分）　高鍋町歴史総合資料館

幡は秋月八幡宮ともいい城内に鎮座、白山（城内）は白山宮といい藩主秋月氏の遠祖漢の高祖、霊帝などを祀る。祇園は祇園宮（下横町）、愛宕は愛宕大権現（高月）である。

寛政元年（一七八九）六月朔、八代藩主秋月種徳《たねのり》が高鍋に初入部するが、およそ一か月後の六月二十七日九社参りをしている。このとき比木明神で神楽奉納があり、藩から銭壱貫文が供えられた（※10）。因みに寺院参詣は禅宗龍雲寺、禅宗大龍寺、浄土宗安養寺の三寺で、いずれも藩主秋月氏の菩提寺である。

参勤交代帰邑でも藩主は比木社に参詣、享保八年（一七二三）五月九日「御帰城後比木、八幡、天神三社御参詣」（※11）とある。藩主は五代種弘《たねひろ》である。

さらに明和三年（一七六六）は七代藩主種茂《たねしげ》にとって参勤交代の年だったが、三月三日の発駕に先だって二月二十五日に比木神社をはじめ九社を参詣している。

藩主が雨乞祈禱

高鍋城址　2004.3.10

天明元年（一七八一）六月十四日には雨乞祈禱のため藩主種茂が比木社を参詣している。この年は日照りが続き、閏五月十九日尾鈴山で雨乞祈禱、同二十七日も尾鈴山で祈雨、六月七日は蚊口浜で祈雨、同月十一日は郷中並びに比木社で雨乞祈禱をしており、十四日の祈禱には藩主が参詣した（※12）。なお、天明年間は全国的な天候不順で東北地方は大飢饉が発生している。

天明七年（一七八七）八月二十五日隠居種美の腫れ物平癒祈禱で、日光院と円実院それに比木社へ、家老三好郡太左衛門と副使泥谷兎毛を代参させている（※13）。日光院・円実院は修験者で、藩主および一族の息災や祈雨・祈晴、疫病退散など藩指示のもとで祈禱を行った。

4　比木神社御幣下

比木神社には御幣下と呼ぶ諸社が現在の木城・高鍋両町内にあった。まず、高鍋城内の御城権現と御城辰宮大明神を筆頭に宮田大明神、川上大明神（太平寺村）、権現（巡礼堂）、天神（菖蒲池）、裳

広解大明神、権現（中鶴村）、川田権現、鵜戸権現（蚊口浦）、天神（蚊口浦）、権現（雲雀山）、権現（長谷）、木宮大明神（日置村）、大年大明神（鳴野村）、木宮大明神（熊野村）、歳神大明神（切原村）、国玉大明神（高城村）、城中辰宮大明神（高城村）、彦権現、白髭大明神、石大明神（石河内）、権現（石河内）、天神（福原尾村）、天神（瓜生村）、天神（藤見村）、天神（心見村）、八幡（高城藪）であった。

比木大明神の「御幣下」とはどういうものか詳細不明だが、藩の寺社帳に記載してあることから藩公認ということになる。御幣下という組織、結びつきといった関係は、日向国一之宮である都農大明神（都農神社）や祇園社（八坂神社）、愛宕大権現（愛宕神社）にはなく比木大明神だけである。

天保五年（一八三四）改正「高鍋藩寺社帳」に、享保十年（一七二五）十二月十五日付の家老日記に次のような記載がある。西ノ別府在住の金六という者が、先年、殿様御病気のとき祈禱を申し付けられ、城内に城主大明神を勧請し神前で祈禱を行ってきた。さらに今度百姓衆を比木御幣下にして欲しいという申し出に、藩は比木大明神の代、長照寺の住職大乗院に何か世話をしてやるように申し付け、吟味の結果比木御幣下となり、その上帯刀も許されることになった、というものである。百姓衆とは石河内村権現の社司百姓夕左衛門や福原尾村天神の社司百姓角右衛門ら六人のことと推察する。

※1　記紀伝承上の天皇。景行天皇の第四皇子
※2　『角川日本地名大辞典』角川書店
※3　『郷土歴史大事典　宮崎県の地名』平凡社
※4　貞享四年・天保五年改正の「高鍋藩寺社帳」、『宮崎県史料第一巻　高鍋藩本藩実録』
※5　『宮崎縣史蹟調査第五輯　児湯郡之部』宮崎県
※6　宮崎県古公文書「神社及寺院」
※7　『旧記抜書壱（一）』明倫堂文庫を学ぶ会
※8※11　『宮崎県史料第二巻　高鍋藩拾遺本藩実録』宮崎県立図書館
※9※10※12※13　『宮崎県史料第三巻　高鍋藩続本藩実録上』宮崎県立図書館

二　大日山長照寺

長照寺址、駐車場に残る井戸跡

1　長照寺

貞享四年（一六八七）の「高鍋藩寺社帳」によると、長照寺の八代住職法印宝持院が比木大明神の代表となっている。長照寺は真言宗高鍋領内本寺である大聖山高月寺日光院の筆頭末寺で、本尊は薬師如来。建立の年月開山ともに不明、寺領一五石であった。

長照寺は明治四年（一八七一）廃寺となった。現在の比木神社大鳥居前の駐車場辺りにあったといい痕跡として井戸が残っている。『日向地誌』には「真言宗高鍋村日光院ノ末派ナリ、比木ニアリ、明治四年辛未廃ス、今宅地トナル」とある。

2　神仏習合

奈良中期、神は仏法を擁護するという「護法善神」の考え方が起こった。それが神を仏の下位に位置づける「神身離脱」の考え方へと移り変わり、神は仏の化身つまり権現とする本地垂迹思想があらわれ、平安末期ごろまでに完成した（※1）。

これは神仏習合の考えで、寺院境内に神社、神社境内に寺院を建て、神社内の寺を神宮寺・別当寺などと言った。例えば、日南市の鵜戸神宮は不動院とか大光坊など一二の寺を有する仁王護国寺があり、奥の窟に鵜戸権現（鵜戸神社）といって、鵜葺草葺不合命や瓊々杵命などを祀っていた。仁王護国寺は慶応三年（一八六七）廃寺、鵜戸権現は鵜戸神宮となり現在に至る。

高鍋領内の場合、都農大明神（都農神社）には大泉寺、宮田大明神（宮田神社）には宮田寺、愛宕大明神（愛宕神社）には愛宕寺、川南の白髭大明神（白髭神社）には興福寺、川南の甘漬大明神（甘漬神社）には観音寺などの神宮寺があり、それぞれの寺院が大明神の代表となっている。

江戸時代まで寺院が上、神社は下で、例えば「高鍋藩寺社帳」と言った。明治になって王政復古・天皇中心の政治となると国家神道となり神社が上、寺院が下となり社寺となった。因みに『宮崎県宗教法人名簿』（県総務部）は神道、仏教、キリスト教、諸教の順に掲載している。

長照寺は比木大明神の神宮寺・別当寺であった。

3　歴代住職

長照寺は天正四年（一五七六）中興開山、初代法印乗盛から明治五年（一八七二）廃寺時の二五代明応院まで法灯を保った。

歴代住職は、

初　代	法印乗盛	第二代	明星院	第三代	慈眼院
第四代	医王院	第五代	遍照院	第六代	宝蔵院
第七代	阿含院	第八代	宝持院舜秀	第九代	人剛院俊弁
第一〇代	大乗院実知	第一一代	吉祥院祐盛	第一二代	大乗院常実
第一三代	慈眼院勢俊	第一四代	最勝院祐実	第一五代	華林院俊盛
第一六代	真成院勢増	第一七代	慈眼院勢宥	第一八代	密乗院勢実
第一九代	普門院如実	第二〇代	慈眼院勢弁	第二一代	雲性院俊如
第二二代	宝蔵院俊法	第二三代	舎那院融実	第二四代	密成院勢宜
第二五代	明応院実荼				

であった（※2）。

長照寺には神宮寺という末寺が比木大明神境内にあった。本尊は正（聖）観音、建立開山の年月日不明。

長照寺の住持（法印）は比木大明神と神宮寺の最高責任者に位置付けられるが、実際の運営は七家の社人が当たった。社人七家とは、太郎祝子家の十住備後、神司家の神田大和、神祝子家の壱岐讃岐、権祝子家の神田越前、権現家の壱岐淡路、御供奉行家の神田右内、土器役家の壱岐但馬であった。姓の後に備後とか大和など国名を名乗っているが、当時の社家に行われた慣行で、元文三年（一七三八）正月「七日比木社人七人之内兵庫吉田殿より官位御免につき表通り下される」（※3）とあり、国名を名乗ることは藩から認められたようだ。なお、役所では「兵庫吉田殿」と言っており、姓後の国名や地名を名乗ることに異議は唱えていない。

※1　宮家準編『修験道辞典』東京堂出版
※2「貞享四年高鍋藩寺社帳」、石井一次『比木神社誌』鉱脈社
※3『宮崎県史料第二巻　高鍋藩拾遺本藩実録』宮崎県立図書館

三　神楽と修験

1　修験道

神楽は修験者（山伏）が伝えたといわれる。日本には古来より山岳を信仰するという考えがあり、それが外来の仏教（密教）や道教、儒教などの影響のもとに、平安時代末に一つの宗教体系を作り上げていったものが修験道であるという。修験道は山岳修行による超自然力の獲得とその力を用いて呪術的活動を行うことを旨とする実践的な宗教といわれている。

投入堂（鳥取県）　2007.6.20

山岳修行

修験者は山に分け入り山や岩、滝、大樹などに宿る神霊を拝み、修行によってその霊力を得ようと山中では窟に籠もった。窟は霊が集まる所と考

修験者大峰山（奈良県）　2012.9.11

えられ、窟に籠もることで霊と交わることができ、それによって霊力が身につくと信じられた。また山中では薬草を探すことも修行であった。

修験道の主な道場は熊野（和歌山県）、吉野（奈良県）、白山（石川・岐阜県）、羽黒山（山形県）、英彦山（福岡・大分県）などで、その中の熊野修験の影響は東では羽黒山にみられ、太平洋沿岸では下北半島にまで及び、西には瀬戸内を通って岡山県児島の五流修験、九州の国東半島、宮崎県の米良などに足跡を残した。中世期における熊野修験の活躍の跡は日本全国に及んでいる（※1）。

高千穂は熊野社の荘園

鎌倉時代前期、現在の宮崎県高千穂は高知尾荘といい、紀伊熊野山（和歌山県）の荘園であった。十社大明神（高千穂神社）は熊野神社の支配下にあり、そのころ熊野信仰が定着し、『宮崎の神楽』（※2）によれば、熊野本山権現（諸塚村七折）、熊野三社（諸塚村家代）、熊野十二社権現（高千穂町向山）、熊野三社権現（高千穂町押方）、熊野三社大権現（五ヶ瀬町桑野内）、熊野三社（五ヶ瀬町鞍岡)、熊野三社権現(高千穂町田原)、若一王子権現(高千穂町上野)など、高千穂の各地に多くの熊野神社が建立され、それらの神社では神楽も盛んに行われた。

2　神楽にみる修験道の痕跡

山伏たちは入峰修行の際に山伏問答や延年《えんねん》、験競《げんくら》べ、花供《はなく》などを演じた。山伏が地域社会に入り込み修験の要素が民間の芸能と習合し、神楽などの芸能が行われた。東北地方の山伏神楽、東海地方の花祭りや霜月神楽、中国地方の荒神神楽、九州地方の高千穂神楽などがそうである(※3)。

①問　答

修験道における山伏問答の多くは、採・柴燈護摩に先だって道場奉行と先達の間で行われる。例えば「山伏とは何か」、「修験道とは」、「開祖役小角とは」、「修験道の本尊は」など、山伏の心得をわきまえているかどうかを問い、先達がそれに答える形で行われる。

神楽でも問答が行われる。神と神主との間で交わされ、神は荒神や山の神、田の神などである。椎葉村嶽之枝尾神楽の「宿借り」と諸塚村戸下神楽の「山守」では、宿主(神主)と山の神の間で問答が繰り広げられる。宮崎平野南部の作神楽では神主役が田の神が持っている穀物の種子や野菜について質問し、田の神はその謂《いわ》れをそのとき話題になった時事を交えて、面白く答える。決まった文言はなく田の神役の機智が大きく左右する。

諸塚村桂神楽「荒神の言い句」は神主と荒神との間で行われ、神主の問に荒神が答える形をとる。

荒神問答　諸塚村 桂神楽　2015.2.28

神主　「是生滅法とは如何に」
荒神　「夏の霧」
神主　「生滅滅已とは如何に」
荒神　「秋の露」
神主　「寂滅為楽とは如何に」
荒神　「冬の霜」
神主　「是生滅法とは如何に」
荒神　「仏の綱」
（後略）

諸塚村戸下神楽の「三宝荒神」掛句「柴の句」では、

神主　「三界を言う一心無別法とは如何に」

荒神二　「三界は只一心なり、心の外に別の方なしと説く」
神主　「髪白くして面赤くして前黒く、五体青にして装束黄なるは如何に」
荒神三　「青黄赤　白黒五色《せいおうしゃくびゃくこく》の色にて候」
などと応答する。

宮崎市船引神楽「メゴ」と神主の問答
神主　「お訊ね申す。お訊ね申す。その右手に持たる物、お披露目聴聞仕る」

メゴ　「此の儀か、此の儀は、一切諸染み諸民の諸々の夢を醒ます目鈴と申す。何と神主得心致されたか」

（中略）

神主　「その股の物（男根）を、お披露目聴聞仕る」

（中略）

メゴは断るが神主の再三の督促に…

メゴ　「此の儀か、此の儀は伊弉諾、伊弉冉尊より朕御宝《ちんみたから》を授け賜って、子孫繁昌の天の逆鋒と申す。何と神主得心致されたか」

増殖儀礼の演目、神社では倉稲魂命の託宣としている。

②反閇《へんばい》

宮崎の神楽で「ヘンベ（ヘンブとも）」という独特の足運びがあることをよく耳にする。「ヘンベ」は「反閇」のことで、もともと陰陽師が行った呪法。特殊な足の踏みのことで、邪気を祓い正気を迎えるものといわれる。

延岡市光明寺の淡島神社　2012.3.3

延岡市北浦町三川内神楽では「もじり反閇《へんべ》」と呼ぶ足運びをする。西都市尾八重神楽では「地割」舞で「左手に刀、右手に鈴で五方を割る。一方向に力強くヘンベを踏む所作三回」とある。反閇をマジカルステップという研究者もいる。

③神仏混淆

修験道は神仏混淆（神仏習合）である。延岡市の光明寺は境内に淡島明神、同市龍仙寺は稲荷社を祀り、両寺は淡島祭や星祭りに柴燈護摩、火渡り行を行っている。高千穂神楽や米良の神楽では江戸末から明治初めにかけて唯一神道の影響を受けて仏教色を一掃したが、椎葉や諸塚では神道化の影響が強く現れず、神楽に神仏混淆の唱教や問答が残っている。

白装束と「スミトリ」　嶽之枝尾神楽　2015.12.6

羽黒山（山形県）修験　1996.8.26

「抑も抑も明神の本地は如来なり。（略）天照大神の本地しゃか如来、春日大明神の本地はあみだ如来（略）」（椎葉村嶽之枝尾神楽の「綱の問答」）

「そもそも我朝は、神国成りと云えども仏をもって本地とす、神道も両部習合の神道あり、伊勢の国天照大神の本地は大日如来なり（略）」（同栂尾神楽の「芝荒神」）

④神楽衣装は白が基調

修験修行を支える思想に入峰修行のなかで滅罪し、再び母胎にやどり仏性をそなえた新しい人間に生まれ変わる「擬死再生」という考えがある。山伏衣装が白が基調であるのは死装束を表していると思われる。

宮崎県内の神楽では、着面舞で千早や幅広の袴など色つきの衣装を着用するが、鈴や幣、刀などを持って舞う素面舞では、白衣に白袴、白の素襖を着することが多く、全体に白衣装が基調である。椎葉村向山日添神楽や嶽之枝尾神楽などは白衣に白袴、白鉢巻を着し、鉢巻には五角形の白紙（スミトリ）を宝冠として挟むが、擬死の衣装と思われる。

宮崎では神楽を「神事《かみごと》」という。神に奉納する舞であるから舞処《まいど》は清浄であることを必須とする。銀鏡神楽や諸塚神楽などでは夜神楽当日の早朝祭場に集合し注連立てなど準備を行い、それが終わると全員帰宅し入浴して身を浄め、白衣・黒紋付に着替えて祭場に来る。

日南市潟上神楽　金笠中央上に黄幣、東青幣、南赤幣、西白幣、北紫（黒）幣　2013.2.10

また、宮崎の神楽は舞い始めと終わりに、舞手は必ず神前に礼もしくは二礼二拍手一礼をするのが普通で、観客に向かって礼をしない。人に見せる芸能ではなく、神楽は神に捧げる神事という考えが根底に強くある。

⑤色幣と陰陽五行説

米良の神楽や高鍋神楽、宮崎や日南地方の作神楽では、神社境内に舞処を設《しつら》えシイやカシなどの常緑広葉樹で柴垣（ヤマという）を作る。その中心に注連柱を立てて神籬《ひもろぎ》とし、注連柱に巻きつけたワラ束や柴束に青・赤・白・紫・黄の色幣を挿す。さらに、日南神楽では舞処の中央

彫物　高千穂町 野方野神楽　2019.12.15

に金笠（天蓋）を吊るし、東は青、西は白、南は赤、北は紫（黒）の色幣を付け、金笠中央上に黄幣を立てる。

高千穂神楽では舞処に彫物《えりもの》という切り紙を巡らす。「梅に鶯」など絵の彫物にまじって「木」「火」「土」「金」「水」の文字の彫物がある。文字は陰陽五行説が基になっており、いずれも陰陽五行説が今も生きている。

高鍋神楽では舞処四隅の青竹に、東は青と黄、南は赤、西は白、北は紫（黒）の幣を括りつける。高鍋神楽「地割」に、「栄惣元年辛卯の年、東方に青帝青竜王、南方に赤帝赤竜王、西方に白帝白竜王、北方に黒帝黒竜王、中方に黄帝黄竜王、（略）」と問答する。

本来、黄は中央で宮崎や日南の神楽、米良地方の神楽では舞処中央に吊るす天蓋の中央に黄幣を立てる。高鍋神楽では舞処の四隅に太竹を立てるが、もしかするとその中央に天蓋を下げ、黄幣をつけたのかもしれない。現在天蓋がないので、東の竹に青幣と黄幣をつけるようになったのではないかと推測する。

大峰山登拝口にある女人結界の石柱　2012.9.11

⑥穢　れ

大峰山を登拝する行者は、社会の俗悪にそまった身を麓に鎮座する龍泉寺で禊・祓いを済ませて山上ヶ岳をめざす。多くの霊峰では女人禁制を解いたが唯一大峰山だけはこの禁制を守っている霊山である。

宮崎の神楽では、祝子とか保存会役員など神楽関係者に不幸があるとその年の神楽を中止することが多かった。神楽関係者でなくても、不幸があった家族は神楽を見に行くこと、祭りに参加することを遠慮しなくてはならない。これは昔からの習わしで集落内の付き合い方である。

また、舞処に女が立ち入ることや神楽面に触ることを禁止している。銀鏡神楽では来賓などに提供する夜食の膳運びは現在も男だが、昔は料理も男たちがしていた。これは穢れを忌む修験道の考えで神楽関係者では「黒不浄」「赤不浄」という。しかし、近年は神楽継承者不足により保存会に女の人を起用するところも出てきている。

※1※3　宮家準編『修験道辞典』東京堂出版

※2　山口保明『宮崎の神楽　祈りの原資・その伝承と継承』鉱脈社

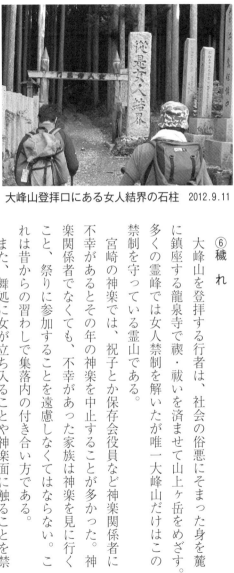

四　高鍋藩の修験

1　二つの真言宗

高鍋藩の修験には真言宗と修験宗（山伏宗）があった。

江戸時代、修験道は京都聖護院門跡を中心とする天台系の本山派と、京都醍醐寺三宝院門跡を中心とする真言系の当山派に大別された。円実院は醍醐寺三宝院門跡の直末であることから当山派、さらに袈裟頭に任じられており高鍋藩内の同一派を取り仕切った。他方、日光院は真言宗であることから、本山派修験ではなく、どのような組織に所属していたのか不明である。

真言宗大聖山高月寺　住持　日光院

高月寺《たかつきじ》は領内真言宗の本寺で貞享四年（一六八七）寺社帳では二六か寺、天保五年（一八三四）の寺社帳では二三か寺の末寺を有し、藩から寺領三七石五斗と護摩料米六二俵を給されている。

天正十五年（一五八七）秋月種長の高鍋入封に伴って種長が建立、真盛が開山した。持仏堂本尊は薬師如来、護摩堂本尊は不動明王で、正保二年（一六四五）には二代藩主種春が護摩堂を建立している。歴代住持に真盛、真永、宥算、勢増、舜海など一九名が列記してあるが、それらは僧侶名で修験名は歴代日光院を名乗った。

明治二年（一八六九）高月寺の日光院は復飾（還俗）し比木神社神主になっている。

修験宗松尾山地福寺　住持　円実院

地福寺は領内修験宗の本寺で貞享四年寺社帳では末寺八か寺、天保五年高鍋藩寺社帳では一五か寺の末寺と高鍋山伏一九か院、諸県山伏三か院を有し、藩から寺領一五〇石を給されている。建立の年月不明、開山は源忠法印。貞享四年寺社帳に「開山源忠法印、弘尊法印、源養法印、源智法印、源諄法印、当住迠六代」とあり、これから類推すると貞享四年からおよそ一〇〇年ほど前、天正十五年（一五八七）秋月種長高鍋入封の頃となる。本尊は地蔵菩薩と不動明王、役ノ行者。京都醍醐寺三宝院門跡直末で袈裟頭に任ぜられている。

2　修験の役割

高鍋修験の最も重要な役割は祈禱であった。なかでも旱天が続いたとき行う雨乞祈禱である。治水が十分でない江戸時代日照りは深刻で、高鍋藩は元禄六年（一六九三）から安政元年（一八五四）までの一六一年間に三〇八回（飛地福嶋と諸県は除く）雨乞いなど諸祈禱を日光院と円実院を主として、比木大明神や都農大明神などにも命じている（※1）。

祈禱回数が多いのは天明年間（一七八一〜八九）、同元年は祈雨一〇回、同二年は祈晴と虫除で八回、三年は虫除で八回、四年から七年は二七回、日照りと長雨が繰り返し続き天候不順であったこと、加えて稲の害虫が発生したことが、祈禱回数が多く行われた要因であった。

天明二年から七年は全国的に大飢饉が発生、東北地方は餓死者も出し各地で一揆や打ちこわしもあった。天候不順による凶作は日向国にもあり、天明三年（一七八三）の高鍋藩は大風雨・洪水・虫付による損耗は一万七五六二石、これは藩石高の六割に及びこの年藩は年貢上納の延期や藩内各地で飢餓救済を行った（※2）。なお、このとき藩は黒松の樹皮を粉にして、米麦の粉と半々に混ぜた団子にして食べる、松皮食を奨励（『御用帳』）している。

同五年六月は降雨がなく、四日は藩内の村々で、十三日には尾鈴山で雨乞祈禱を行った。十九日は諸寺社で祈雨祈禱、町や浦々でもそれぞれ祈雨祈禱するよう命じられた。二十二日は日光院と円実院、その末寺まで比木の蛇ヶ渕で雨乞祈禱を行った。

二十七日朝六時、藩主は供揃えで比木社へ参詣、生魚を供え、蛇ヶ渕では長さ六尺（一・八メートル）、巾三尺の小船に供え物を乗せ祝詞を奏上するなど雨乞いをした。

寛政元年（一七八九）は大旱魃、六月五日雨乞いで比木社に用人と奉行が参詣している（※3）。

文政十年（一八二七）閏六月二十五日は湖水（新富町水沼神社）で日光院が二夜三日の祈雨祈禱を行い、その後も日々尾鈴山（木和田の遥拝所）でも祈禱が行われ、二十八日には尾鈴山の絶頂や領内村々で雨乞い、七月三日も尾鈴山絶頂で二夜三日の祈雨が行われた。しかし効果は現れず、城内の白山宮・愛宕社・天神・八幡・竜宮でも二夜三日の祈禱が行われ奉行中が昼夜勤めた。

尾鈴山　2014.11.29

同月十二日には高岡山・鵜戸・鈴ヶ峯・大年・彦尾・比木ならびに蛇ヶ渕・川原権現・槇滝・平田大明神・湖水・三納代八幡・白髭竜ヶ脇・尾鈴・牧内不動滝・女渕男渕・美々津などで雨乞いを行うよう命じられた（※4）。

　藩指示の祈禱の場合、降雨があると報奨金を与えている。宝永二年（一七〇五）閏四月四日比木（長照寺）と日光院に白銀二枚と米一俵ずつ、神楽を奉納した比木明神（比木神社）には銭一貫文を給し、山に登って鉦太鼓を打ち鳴らし高声でわめいた大勢の領民達には酒を振る舞った（※5）。

　天保三年（一八三二）八月十九日、祈禱で十分雨が降ったので比木（長照寺）と比木大明神には家老中が、日光院と円実院、都農明神（都農神社）には者頭中が、湖水神社（水沼神社）には勘定奉行が代参して銭一貫文ずつ与えている。

祈禱を命じたとき藩は家老や奉行など高位役職も祈禱に参加させたばかりでなく、時には藩主が参加した。なお、職制には家老、用人、奉行、大目付、者頭、郡代、番代があった。

天明元年（一七八一）六月十七日の尾鈴山頂尾鈴社で行われた雨乞祈禱には藩主が参加している。前夜十時ごろ城を発駕し昼十二時ごろ木和田（都農町）に着き、そこで小休して尾鈴山に登山、しばらく留まりその後都農御仮屋で休息、夕方発駕して午前五時ごろ帰城するが、帰途小雨が降り出し垂門（川南町）で大雨になった（※6）。

天保三年（一八三二）七月十七日は尾鈴絶頂社で二夜三日の祈禱を行うが、名代として家老の岡本主殿が登山した。平坦になっている頂上に五百人余、木和田の遙拝所には一〇〇〇人余が郷内各地から参加した。

藩指示の祈禱の他に農民による祈禱も領内各地の神社で行われた（※7）。

3　高鍋山伏

領内最高峰尾鈴山を霊山と崇め、そこを修行場とする修験を高鍋山伏と言った。高鍋山伏は川北郷（都農町）に在住、数十軒から一〇〇軒ほどの祓い檀家を有し、疱瘡祈禱や日祈禱、駄祈禱などの諸祈禱、霧島祭や祇園祭、日待ちなどの祭祀を主導した。

修験宗寺院本末関係

地福寺
円実院 ― 大泉寺（都農山下）

［高鍋山伏］

宝慶院（明田村）
喜宝院（心見村）
和光院（心見村）
本学院（山末村）
国宝院（山末村）
明寿院（山末村）
一玉院（征矢原村）
遍照院（菰生村）
大泉院（菰生村）
実善院（新別府村）
大宝院（福原尾村）
大勝院（明田村）
慈実院（明田村）

※ほかに五か院あり

（『高鍋藩寺社帳天保五年改正』より作成）

延岡市天福寺の護摩祈祷　2013.2.3

高鍋修験一玉院の不動明王　1985年頃

都農町内農家の祈禱場　1985年頃

都農町駄祈禱　1985年頃

高鍋山伏のうち一三か院が都農大明神別当大泉寺の配下で、他に実眼院（高城南村）、命寿院（白髭村）、愛染院（古町村）、福寿院（菖蒲池村）、泉龍院（岩渕村）の五か院があり、都合一八か院であった。

①円実院

松尾山地福寺は高鍋城内にあり、高鍋藩修験宗の本寺で住持は歴代円実院を名乗り、京都醍醐寺三宝院直末で袈裟頭に任じられている。末寺に飯長寺（松本）、興福寺（高城）、龍岸寺（城内）、宮田寺（宮田）、河田寺（小丸）、白山代（小丸）、観音寺（川南）、大泉寺（都農山下）、神宮寺（平田）、千秋寺（美々津）、長福寺（美々津）、善福寺（美々津）、興福寺（諸県三名）があった（「天保五年改正　高鍋藩寺社帳」）。

②大泉寺

地福寺末大泉寺は山号を角養山といい都農神社境内にあ

った。都農神社は明治以前都農大明神といい社領二〇石を給わり、尾鈴大明神を兼帯していた。大泉寺は都農大明神の別当寺で、奥の院である滝不動と竜神という雨乞い場を有し、他に宝慶院、喜宝院、和光院、遍照院など高鍋山伏を配下に置いた。

明治初期の神仏分離、修験道廃止の政策で山伏は還俗したり社家になったりして修験道は廃れるが、第二次大戦後しばらくまで都農町内には修験者がおり、現在でも町内農家屋敷一隅に不動明王などの仏像を安置し、護摩祈禱などを行った堂が残っている（※8）。

比木神社拝殿に掲示されている祈雨祭略記

4　現代の祈禱

①祈雨祭略記

比木神社拝殿の長押に木枠で囲った板が架けてあり、それには「祈雨祭略記」と墨書してある。大正十五年（一九二六）七月六日に比木神社の社司神田捨五郎が書いたものと推察する。社司とは旧制で、府県社・郷社の社掌の上に位した神職で、宮司と言ってよい。漢字と片仮名で記してあり、現代風に表記すると次のようになる。

「時に大正十五丙寅年、六月初めの頃より降雨なく天空夜毎に澄み渡り、暑気日毎に加わり旱天打続き、正に旱魃の兆しであった。日を累《かさ》ねるにつれ乾風益々強く、炎熱恰も烈火の如く些かの湿気も見えない。陸上の生物は将に枯死寸前である。特に国民生活の源泉たる稲は、この時期は発育期に当たり多量の水を必要とするが、旱天続きの為人々の憂いは極限に達していた。

比木神社社司神田捨五郎は、天候が変わることは容易でないことを悩み、六月二十九日から社殿で雨乞祈願を三日間行った。七月二日からは当社社掌神田萬外や神職壱岐男也、壱岐啓蔵、壱岐政義、神田武、壱岐久次郎などが相諮《はか》り、同月四日まで三日間神楽を奉納して祈願した。村民は夜毎日毎に祠前に詣でて降雨があることに専念した。中には仮装行列する者も有って、真に心を砕いて思い悩む状況であった。

この時雨が少し降った。吾ら神職はこの天恵を感謝しつつ、同月四日午後に氏子総代石井友一を訪ねて村長吉田常二に計らせ、引き続き二夜三日の祭典と神楽を執行した。

思ったとおり、吾らの熱情が天に通じ、諸神は吾らの願いを喜んで受け入れ、五日午後九時には慈雨しきりに降り、夜半には雨の勢いが急に加わり車軸も没するに至った。万出会った人々は天を仰ぎ、地を拝して神の恵のますますの崇高、尊崇を心にとどめ、喜びは筆舌に尽くし難く、特に吾ら日夕神に奉仕する者は、今更ながら霊験あらたかなることを痛感、大いに喜ばしく謹んで祈雨の顛末を書き記すことにした。

大正十五年文月（七月）六日　」

以上の如く、二〇世紀になっても江戸時代に行っていた二夜三日の祈禱と神楽奉納を実施、旱魃を免れたと伝える。

②雨乞記念碑

大正十五年は高鍋だけでなく、現在の宮崎市南部も旱魃で、加江田神社の境内には昭和四年（一九二九）に建立された「雨乞記念碑」がある。

碑裏面によると、この年の夏は雨が少なく、七月中旬よりまったく雨が降らず八月になっても降らなかった。水田に亀裂が入り稲は枯れ、人々は雨乞祈禱するがその効果は現れなかった。

深刻な状況に田野天建神社、今泉神社、加納神社、船引神社、田元神社、加護神社、加江田神社、熊野神社、青島神社（以上宮崎市）の各社掌（神職）や役員は加江田神社に集まり、九月二日夜から雨乞祈禱を始めた。翌三日午前九時ごろからは雷鳴

加江田神社の雨乞記念碑
2016.7.22

が轟きわたり豪雨となった。人々は歓喜に震えまさに効験あらたかとなった。

③龍神図

比木神社拝殿と本殿の間に「相の間」という八畳位の空間があり、その相の間天井に安田守世《もりよ》が描いた龍神図がある。安田家は代々高鍋藩に任える絵師の家柄で、初代義成は李仲を名乗った。天井の龍神図は八代守世の作。守世は天保元年（一八三〇）の生まれ。十五歳から二十歳まで江戸で、絵師狩野守玉のもとで修行した（※9）。

比木神社は日照りが続くと藩から雨乞祈禱を依頼され、その祈禱は社殿で、時に神社近くの大蛇が棲むという小丸川の蛇ヶ渕で行った。

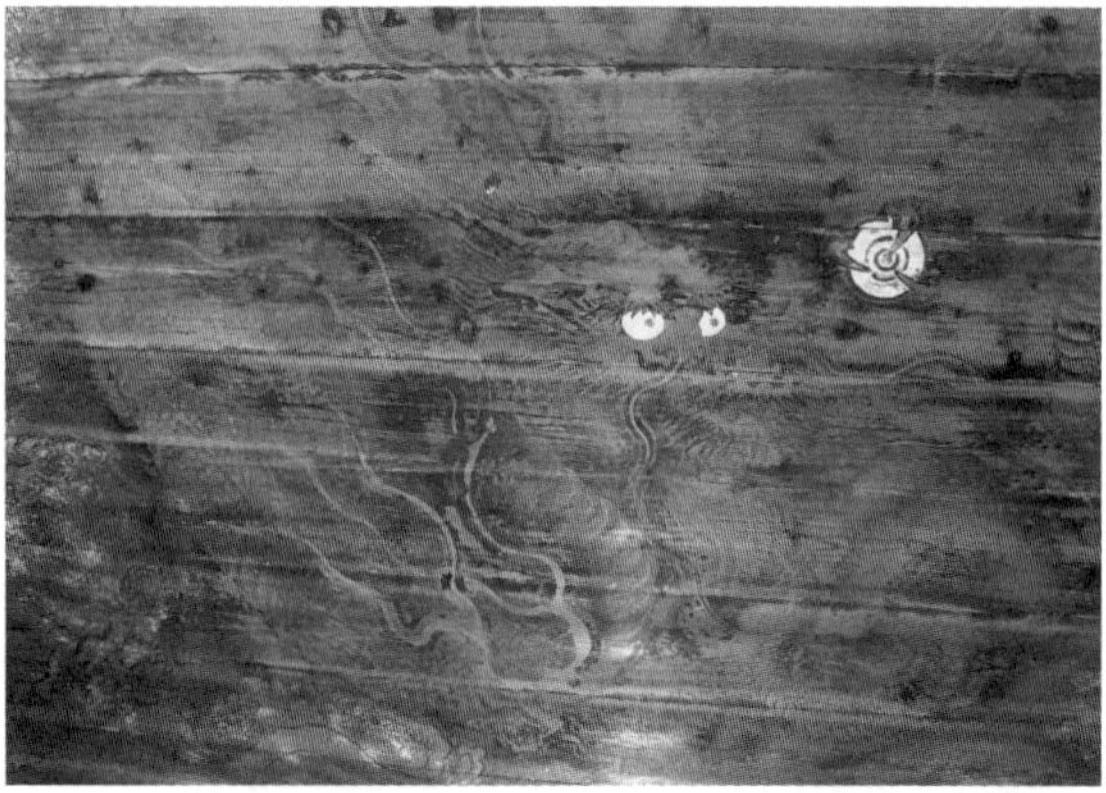
相の間天井の龍神図　2020.10.24

蛇は水を好み淵や沼、池に棲み、大蛇は龍神となり、水神と崇められた。藩祈禱の多くは湖水（新富町水沼神社）とか白髭神社（川南町）の竜ヶ脇、それに比木の蛇ヶ渕で実施された。湖水《こみず》ヶ《が》池《いけ》は愛しいわが子が龍となり二度と姿を見せなかった「子見ずが池」の俗信がある。

白髭神社の西方三キロほどに三段に連なった滝があり、一番上の落差一五メートルほどの滝を竜ヶ脇といい不動明王と水神を祀る。青く澄み深淵を思わせる滝壺には大蛇が棲むと伝え、昔から農業の神と信仰されている。白髭神社は現在も一月十九日竜神祭・不動明王祭を行う。

比木神社天井の龍神は比木の蛇ヶ渕に棲む龍の姿を表したものではないだろうか。

比木の蛇ヶ渕、竜神伝説の湖水ヶ池（水沼神社）、白髭神社の竜ヶ脇では頻繁に祈雨祈禱が行

蛇ヶ渕（木城町） 2020.12.4

竜ヶ脇（川南町）での竜神祭 2021.1.19

湖水ヶ池（新富町） 2014.5.25

新しい注連縄 向って右が頭、左尻尾
2020.12.28

児原稲荷神社の龍神柱　2004.1.5

われた(※10)。

「享和元年九月十七日比木蛇ヶ渕已来漁停止、格別之場所ニ付」(※11)　享和元年（一八〇一）蛇ヶ渕は神聖な所だから、九月十七日以降魚を獲ることを禁ずるとの令が出た。

なお、県内には「龍神柱」「雲竜柱」「竜巻き柱」という、彫刻した竜が巻きついた柱を有する神社が存在する。比木神社の龍神図と同じ目的と思われる(※12)。

令和二年十二月二十八日比木神社では本殿正面の注連縄張替があった。氏子総代六、七人が参加、藁すぐり、藁打ち、藁綯りなど作業を分担して行われた。出来上がった注連縄は本殿正面の向拝柱に、向って右が頭左が尻尾となるように巻き付けられた。比木神社の注連縄は大蛇、稲作で水に困らないよう祈念して飾られた。

※1『宮崎県史料第二巻・第三巻・第四巻』宮崎県立図書館
※2※3※5※6※11『宮崎県史料第三巻高鍋藩続本藩実録（上）』宮崎県立図書館、
※4※7『宮崎県史料第四巻高鍋藩続本藩実録下』宮崎県立図書館
※8 前田博仁『近世日向の修験道』鉱脈社
※9『高鍋町史』高鍋町
※10 雨乞祈禱が行われた竜神伝説地

蛇ヶ渕

宝暦十年（一七六〇）四月二十八日　蛇ヶ渕ニ而寺院社司等御祈雨
明和七年（一七七〇）六月十三日　比木蛇ヶ渕其他寺社ニ而御祈雨
天明五年（一七八五）六月二十二日　比木蛇ヶ渕ニ而日光院円実院両末迄御祈禱。同月二十七日は御供揃えで藩主参詣
寛政元年（一七八九）五月五日　旱魃ニ付尾鈴比木蛇ヶ渕御祈雨

（『宮崎県史料第三巻　高鍋藩続本藩実録（上）』）

竜ヶ脇

寛政六年（一七九四）六月二十日　白髭竜ヶ脇ニ而御祈雨
同九年閏七月五日　白髭竜ヶ脇ニ而御祈雨
同十年六月二十四日　尾鈴幷竜ヶ脇ニ而御祈雨
同十一年六月二十一日　尾鈴祈雨速水竜ヶ脇へ小田勘解由差越
文化元年（一八〇四）六月十九日　尾鈴江内田主水竜ヶ脇へ速水為雨乞差越

（『宮崎県史料第三巻　高鍋藩続本藩実録（上）』）

湖水ヶ池
文化七年（一八一〇）七月十六日　日置湖水ニ而御祈雨日光院相勤後追々
文化十二年六月七日於日　置湖水御祈雨日光院相勤
文政三年（一八二〇）七月八日　湖水ニ而二夜三日御祈雨
文政四年六月十一日　湖水ニ而二夜三日雨乞日光院相勤
天保四年（一八三三）五月二日　湖水御祈雨所鎮守ニ而祈雨日々
天保八年七月六日　湖水御祈雨
天保十四年五月十九日　湖水ニ而御祈雨
弘化三年（一八四六）六月十三日　湖水御祈雨
嘉永五年（一八五二）五月二十九日　湖水二夜三日御祈雨前後諸社ニ而日々

（『宮崎県史料第四巻　高鍋藩続本藩実録（下）』）

※12　雲竜柱のある神社
船引神社（宮崎市）、児原稲荷神社（西米良村）、東霧島神社（都城市）、中畑神社（高千穂町）、三宅神社（西都市）。三ヶ所神社（五ヶ瀬町）は社殿正面柱と向拝の柱を繋ぐカーブした虹梁に竜が彫刻してあり「下り竜」という。

第二章　比木神楽および比木神社祭祀

一　比木神楽

多くのかがり火に迎えられる比木社一行
2014.1.24

1　比木神楽と師走祭り

江戸時代、高鍋藩領であった現在の高鍋町・木城町・川南町・都農町・新富町三納代に伝承されてきた夜神楽を総称して高鍋神楽という。

昭和四十四年（一九六九）県教育委員会が高鍋神楽を文化財指定するに当たって、高鍋町など五町以外に、延岡藩であった南郷村（美郷町南郷）を指定範囲に含めた。比木神社と南郷神門神社二社で行われる「師走祭り」が大きな理由と思われる。

比木神社は美郷町神門神社祭神である父禎嘉王を、比木神社祭神息子福智王が訪問する神門御神幸祭（師走祭り）を行う。かつて九泊十日の巡幸で途中ゆかりの地や神社で神楽を奉納し、順路に当たる東郷町（日向市）や南郷村の神楽に影響を与えた。実際、山陰神楽や福瀬神楽、迫野内神楽、坪谷神楽、越表神楽など東郷町内の神楽保存会では「比木神楽の流れ」と言っており、この地域の神楽が比木（高鍋）系神楽といわれる由縁である。

伊勢神宮　2011.10.22

2　高鍋（比木）神楽の由来

高鍋神楽の起源は不明だが、宝永二年（一七〇五）閏四月四日に「旱魃ニ付比木社高月寺ニ而乞雨被仰付両所共ニ白銀弐枚米壱俵ツヽ、比木ハ神楽銭壱貫弐百文」（※1）とあり、江戸中期には既に神楽が存在したことが分かる。

江戸時代には藩の庇護もあったが明治以降社会事情も変わり、神楽の伝承も次第に衰えていった。

大正六年（一九一七）伊勢神宮に神楽を奉納する栄誉を得て、このとき神楽再編が行われた。同年六月木城尋常高等小学校が衣装や舞い方、神歌、唱教、問答などを編集した「日向高鍋神楽番付及縁起」を作成し、現在それが高鍋神楽の原典となっている。

第二次大戦とその前後の混乱期に再び壊滅状態となるが、次第に国力が復興する昭和三十年ごろから神楽保存の風潮が高まり、高鍋・都農・川南・木城の四町神職有志が保存会を結成、当初参加していなかった新富町も加わり、高鍋神楽保存会が結成され、同会のもと保存顕彰に努めている。

高鍋神楽奉納を「大神事《おおかみごと》」といい、旧郷内川南町の白髭神社と平田《へだ》神社、高鍋町の八坂神社と愛宕神社、木城町比木神社、新富町三納代の八幡神社六社が連合して、毎年輪番で夜神楽を奉納するようになった。ただ比木神社は六年に一度の年巡神楽とは別に、独自で徹宵神楽を奉納し六社連合の年番に当たった年は、大神事を兼ねて奉納する。つまり比木神楽は毎年奉納され、他の五社は六年に一度の神楽奉納となった。

3　高鍋藩古記録にみる神楽

比木神楽が藩史料に登場するのは先述の宝永二年、その他にも次のような記録がある。
○享保八年（一七二三）九月十六日、比木の明神御祭りで御宮が未だできていないのに神楽奉納があった（※2）。
○天明三年（一七八三）五月二十一日、厄除祈禱を長照寺に仰せ付けていたところ比木宮で神楽が奉納された（※3）。
○寛政元年（一七八九）六月二十七日、九社参詣のとき比木社で神楽が奉納され銭壱貫文を供えた（※4）。
○天保三年（一八三二）八月十九日、（雨乞祈禱の結果）雨潤沢につき比木社には家老中、七社は奉行中、日光院と円実院へは者頭中、都農（都農神社）は者頭中、湖水（水沼神社）は勘定奉行が代参、神楽奉納一社に壱貫文ずつ、日光院・円実院の祈禱にも壱貫文ずつ下された（※5）。
○嘉永四年（一八五一）四月七日、比木社の祈晴祈雨のとき終日神楽があり、代参を番頭が務めた（※6）。

神楽が「本藩実録」など高鍋藩記録に登場するのは比木神社だけで、現在高鍋町内で奉納される神楽の記録は見られない。「天保三年八月十九日神楽奉納一社に壱貫文、両祈禱所（日光院と円実院）に壱貫文ずつ下された」とあるが、前述の享保八年、天明三年、寛政元年の神楽記録から、神楽奉納一社は比木神社と解釈でき、都農神社と水沼神社は祈禱だけと読みとれる。

雨乞祈禱に功績があった各社に代参を派遣しているが、比木社が家老中で最も地位が高く、七社は奉行中、日光院と円実院は者頭中、都農は者頭中、湖水（水沼神社）は勘定奉行と低い役人となっている。比木と比木明神は筆頭に位置付けされ、比木神楽が藩内神楽の中心的・指導的役割を果たす位置にあったことは明確である。

神　師　2016.12.4

４　比木神楽の特色

比木神楽（高鍋神楽）演目一番は「一番神楽」、烏帽子に狩衣姿の二人舞、神庭《こうにわ》を誉《ほ》め諸神勧請のために神庭を浄める厳粛な舞。高千穂神楽の「御神屋誉め」、日南神楽の「方謝舞」・「四方舞」と同じ、神庭を浄め神を迎える舞である。

「神師舞」は白衣白袴に抜身太刀を持つ八人舞。円やＶ字、逆Ｖ字などに隊形を変えて舞う様《さま》は勇壮、高原町祓川神楽の「十二人剱」を連想させる。また、翁面を着け、面棒を杖にして長寿を祝う「寿の舞」は、他では目にすることができない。背負われて神屋に現れ、腰を折って立つ、その場に座り込むなど、動きがほとんどない。

※１※２『宮崎県史料第二巻　高鍋藩拾遺本藩実録』宮崎県立図書館
※３※４『宮崎県史料第三巻　高鍋藩続本藩実録上』同
※５※６『宮崎県史料第四巻　高鍋藩続本藩実録下』同

二　比木神社単独の神楽

毎年比木神社単独で奉納する神楽が、令和元年（二〇一九）は十二月七日・八日に行われた。この年は三納代八幡神社とグループ高鍋神楽の協力があり、夕方七時の神事から翌朝八時まで滞りなく奉納された。

1　神庭づくり

神社境内に神庭とか斎庭という舞処を設える。神楽奉納の一週間前に柴垣をつくる常緑広葉樹を氏子総代一〇人余が、比木神社氏子の畑脇のカシやシイなどの枝を伐りに行く。二トントラック一台、軽トラ二台分を伐り境内に運び込んだ。

神楽前日、氏子総代や伶人などは柴垣の形に組まれた鉄パイプの足場に、離れた所から全体を観る神楽長の指示のもとに柴枝を張り付ける。鉄パイプ以前の骨組みは竹で、竹伐りや型組立てに時間をとることから、四、五年前に鉄パイプにかえたという。

正面に高さ五メートルほどの椎木を中心に二等辺の山形に柴垣（ヤマ）を作り、その頂点に

ヤ　マ　2019.12.8

金色の大幣、その両脇に銀色の幣、稜線に沿って左右に白幣五本を挿す。金幣の下に三六幣の輪を付け、金幣の下から紅白布、三十六幣の輪の下からは繰卸縄八本を四本ずつ二分し、左右斜めにゆるく張る。繰卸縄には一筋ごとに開扇と白の紙垂と椎（榊）の小枝を垂らす。

神庭にはムシロ四〇枚を敷き四隅に大竹を立て注連縄を張る。ヤマ作りと並行して神庭の床張りが行われる。角材数十本を縦横にならべ、ベニヤ板を角材にのせて木ネジで固定、終わって畳四〇枚を敷く。

2　神楽奉納

午後八時ころ神職や社人が拝殿に揃い、進行役の典儀から役割の申し渡しがある。一同は神庭に移り、修祓、降神、献饌、祝詞奏上など神事が行われ、神楽奉納が始まる。

現在、比木神楽保存団体は一番神楽、花の手、大神、敏伐《びんきり》、鬼神、将軍、問舞《といまい》、節舞《ふしまい》、舞揚《まいあげ》、磐石《ばんぜき》、神師《かんじ》、振揚《ふりあげ》、帳読《ちょうよみ》、祝詞、闢開《びゃくかい》神楽、闢開鬼神、繰卸《くりおろし》、笠取鬼神、御笠神酒上《みかさみきあげ》、御笠将

軍、御笠練舞《みかさねりまい》、獅子舞、綱取鬼神舞、寿《じゅ》の舞、伊勢舞、手力雄舞《たぢからおまい》、戸開雄舞、太神《だいじん》、柴舞、神送神楽の二九演目を演舞できるが、六社連合の決まりで他神社から演舞の協力があること、毎年奉納する比木神社単独の神楽のとき、比木神社だけで二九番演目を披露することは、メンバーすべてを揃えることが困難で、一人の舞手が数演目を続けて舞うことになり体力的に難しく、他から舞の加勢を得ることになる。比木神社単独とは祭り経費をはじめヤマの柴伐りと組立て、神庭設置、運営などを単独で行うと解する。

3　神楽番付

一番　壱番神楽　三〇分　G高鍋神楽

二人舞　烏帽子を被《かぶ》り白狩衣に白袴を着け、右手に扇子、右手に鈴を持って舞う。

※詳細は四章二項に掲載

二番　花の手　三四分　比木神楽

二人舞　面帽子（色切紙を束ねた被り物）を被り、白素襖に白袴を着用する。右手に鈴、左手に扇子を持って、第一歩を、

花の手　2019.12.8

膝を大きく上げて踏み出し、対角に位置したり元に戻ったり、閉扇で鈴を振りながら右回り、神庭中央で向かい合い開扇で舞う。

後半、饌供《せんぐ》（小餅）と榊小枝をのせた三宝が出てくる。榊葉をちぎり左右の人差し指と中指の間に榊葉を挟み、唇に榊葉をくわえ右回りに歩いて舞う。戻って正面に座し、指の榊葉と唇の榊葉三枚を合わせて被りを後方に放り、その後饌供を撒く。これを繰り返し最後は空になった三宝を持って舞い納める。

大　神　2019.12.8

三番　大　神　一一分　比木神楽

一人舞　白女面に長い黒毛頭に天冠を着ける。金襴素襖と白袴を着用する。

左手に長柄の大幣、右手に閉扇を持ち、右手を水平に伸ばし鈴を振りながら進む。一歩進むたびに少し腰を落とし、右回りに八、九歩進んで九〇度方向を換え、神庭中央に進むとき四、五歩で向きをかえる。終盤に大幣を前面で横にして両手で握る所作がある。

舞は全体を通して静か、ゆったりとした優雅な舞である。

四番　鬼　神　二六分　比木神楽

三人舞　五色の面帽子に毛頭、赤鬼面を着ける。白衣に朱千早を羽織り朱の袴を着用する。採物《とりもの》は鬼神杖、腰に幣二本を挿す。

右手に鬼神杖を持ち左手に扇子を携えて舞う。正面に右肩を向け鬼神杖を大きく回し突く所作、方向をかえ神庭下手で観客に向いて同じ所作をする。

舞の途中、面帽子を被り、白衣に白袴、鈴、扇を持つ素面の二人が舞い込む。鬼神は二人の肩に棒の先端をあて手前を回す「肩もみ」をする。また二人の肩に杖をあて、押す、引く所作「平押し」を行う。

二人は都合四回舞い込み、肩もみ、平押しを繰り返す。

最後は鬼神の一人舞、鬼神杖と扇を三宝に納めて終わる。

鬼神が平押しをする　2019.12.8

五番　将　軍　一八分　三納代神楽

二人舞　面帽子に紫の鉢巻。白衣に紫のタスキを掛け、白地に花柄の裁着袴を着用する。裸足。背に矢二本を挿す。採物は丸竹の手作り弓、矢。

六番　振　揚　一六分　比木神楽

一人舞　面帽子を被り、白衣に白袴を着ける。

神庭中央に太刀二振りと赤布をのせた三宝があり、まず赤布を取って舞いタスキにする。

初め素手で三宝の周辺を舞い、次に太刀一振りを持ち、三宝の周辺を横移動の足踏みで舞い、太刀は右から左から空を切る。次に刀の中央刃の部分を持ち、さらに切っ先を持って顔や胸の前で8の字に激しく回す。最後に両手に刀二本を持ち左右から刃先を交差させ、胸前で激しく回す。

振　揚　2019.12.8

七番　かんなぎ　二四分　三納代神楽

一人舞　天冠を着ける。舞手が少女だから面、毛頭を着けない。金糸模様つき素襖。
※詳細は二章三項に掲載

伊勢舞　2019.12.8

八番　荒　神　一九分　三納代神楽

一人舞　黒毛頭に赤色の荒神面を着け紫の鉢巻で締める。白衣に金襴千早、同袴を着用する。腰に幣二本を挿し荒神杖、扇を持つ。
※詳細は四章一項に掲載

九番　伊勢舞　一九分　比木神楽

一人舞　円形紋様をあしらった紫の狩衣、濃い紫の袴を着け、烏帽子を被る。左手に二本の幣をV字形に持ち、右手には鈴。

やおら立ち上がり歩幅広く前に進み、両手を広げ鈴を振る。そのまま大股で後退、向きをかえ同じ所作を行う。正面に向かいしゃがんでゆっくり立ち上がり、足を滑らせて大きく歩幅をとって進み、神庭を一周し同じ所作で舞を続ける。
次に幣を前に保ち小走りで前に進み、そのままで戻って幣を上げる。最後に幣と鈴をあげ、下ろして舞い終わる。静かで厳《おごそ》かな舞。

十番　手力雄　二一分　三納代神楽
一人舞　白毛頭を被り着面する。白衣に千早、幅広の袴を着用する。腰に幣二本を挿し、左手に幣、右手に鈴を持つ。
※詳細は四章一項に掲載

十一番　伊勢神楽　一九分　三納代神楽
一人舞　烏帽子、薄緑に円形紋様の狩衣、白袴を着用する。幣二本をV字にし右手、鈴を左手に持つ。
※詳細は四章一項に掲載

十二番　神　師　二五分　比木・G高鍋
六人舞　五色の面帽子を被り、白衣に白袴を着ける。赤や青、緑色のタスキを掛け先端を腰辺りまで垂らす。

右手は抜き身の太刀を立て、左手の鈴を胸から前へ、腹部から右へ払う動作を繰り返しながら登場し、神庭を右回りにまわりながら舞う。隊形を三人ずつ二列に、また円形にかえて舞うが、両手の動作は同じ。二列縦隊で向かい合い、軽快な足取りで相対する舞手の間を通り抜け位置をかえる。六人の舞が不揃いにならないようリーダー（音頭取り）の「ハイ」の合図で動作をかえる。

神　師　2019.12.8

十三番　大神神楽（神武神楽）　四四分　三納代神楽

五人舞　法者《ほっしゃ》・稲荷山・里人・陰陽・神武が登場し、それぞれが岩戸に隠れた天照の出座を祈るが「御納受なく」、神武を呼んで共に祈ってようやく了承を得て、神武が太鼓の謂《いわ》れを述べるという内容である。

※詳細は四章一項に掲載

十四番　鬮開神楽　一三分　比木神楽

闢開神楽　2019.12.8

二人舞　面帽子、白衣、白袴を着ける。採物は鈴と扇。下手に並び立ち閉扇の左手を前に出して舞い始める。神庭をまわり対角に位置し両手を大きく開いて舞う。再度並列となり閉扇で二人は同じ所作で舞い、開扇となり膝を上げ大股で歩き、両手を身体の前で回し胸前で止めるなどの所作で舞う。

舞う中で決めるとき、舞を止め地に片膝をつく。

十五番　闢開鬼神

二九分　G高鍋神楽

一人舞　黒毛頭に白面を着ける。白衣、金襴千早、同袴を着用する。右手に鬼神杖を持ち、腰に幣二本を挿す。

※詳細は四章二項に掲載

将　軍　2019.12.8

十六番　将　軍　二四分　比木神楽

二人舞　面帽子、白衣に金襴千早を羽織り紫袴を着る。袴は裾を絞る。タスキを掛け、端を長く背中まで垂らす。背に矢二本を負う。

初め弓と鈴で舞う。二人は並列で同じ所作で舞い、次に対角で位置して舞う。太鼓の調子が速くなり、足裏が太腿裏に付くくらい跳ね上げて軽快に動き、途中跳び上がる。次に弓二張を重ねて持ち、二人は横に並びになり軽快に舞い、各々一人になって高く跳ぶ。次に弓に矢をつがえ矢を下に、上に向け、位置をかえて同じ所作を行う。最後に矢二本を両手持ち、右手の矢を回しながら神庭をまわり、前に後ろに、右、左に移動して舞う。

寿の舞　2019.12.8

十七番　寿の舞　二六分　比木神楽

一人舞　烏帽子、翁面を着け頬かむりする。白衣に紫の狩衣、袖を抜く。白袴を着用、腰に幣一本をはさむ。控え舞手に背負われて登場。神庭中央で杖をついて立ち上がり、腰を折り前面で杖をゆっくり回す。下座に向き同じ所作、左手を背に置き杖をつき、よたよたとした足運びでまわり片膝立てて座る。杖をゆっくり回し、左手で腰をトントンと打ち、下座を向いてしゃがむ。やおら立ち上がり向きをかえ同じ所作。舞い位置はほとんど変わらない。

翁倒れる。控え舞手が出て起こすが反対側に倒れる。これを数回繰り返す。立たせると座る。控え舞手は腰を「よしよし」と老人をなだめるように言いながら立たせる。

女の観客を神庭に呼び込み共に舞う。女の観客退場。中央に座し舞い終わると背負われて退場する。

十八番　舞　揚　一二分　G高鍋神楽

一人舞　烏帽子を着用。紫の狩衣、白袴を着る。採物は祓い幣、鈴。

※詳細は四章二項に掲載

十九番　手　力　二〇分　G高鍋神楽

一人舞　黒毛頭に白面を着ける。金襴狩衣、同幅広袴を着用。

二十番　戸開雄　一四分　比木神楽

一人舞　茶の毛頭、白面を着ける。白衣に金襴千早、同袴を着用する。杖を持ち大股の足踏みから細かな足踏みにかえ、やや腰を落とした状態から伸び立つ。この所作を繰り返す。正面に岩戸を象《かたど》る金色開扇が置いてある。

「いざや戸開の明神とましますす、あの天の岩戸を取りて引き開き、一切四方の世上に拝ませ申さむ」と唱う。

杖を腰に挿し素手の両手を開き神庭中央へ進み、金色の扇を左に右に放り、岩戸を開く。神庭を杖で軽く打ちながら膝で歩き一周して舞い納める。

戸開雄　岩戸を開ける　2019.12.8

二十一番　繰　卸　一二分　比木・G高鍋

八人舞　面帽子、白衣、白袴を着用する。

正面に向かって二列縦隊となり、右手鈴、左手閉扇で舞い始め、途中から開扇となる。注連柱から延びた、開扇とシデが付けてある縄を握って高く上げ、下座に向かって進み、また上座へ進み、その場で鈴を振りながらまわる。列

繰　卸　2019.12.8

を入れ替える、元に戻るなど位置をかえて舞い、最後は正面を向いて縄を強く引いて注連柱から外し、それぞれが縄を束ねて舞い納める。

二十二番　神送神楽　二分　比木神楽
二人舞　面帽子、白衣に白袴を着用する。右手に鈴左手に開扇を持って舞う。芸態は御笠神楽と同じだが演舞は短い。

4　神事

神楽奉納が終わり、正面に向かって左側に神職、伶人、舞手。右側に氏子総代が縦列となり神事が行われた。

三　六社連合大神事比木神楽

平成三十年（二〇一八）十二月一日・二日、六年ごとに巡ってくる六社連合大神事が比木神社を会場に神楽奉納があった。比木神社は毎年独自に徹宵神楽を奉納するが、六社連合の年番に当たった年は独自神楽も兼ねて奉納する。この年の参加はG高鍋神楽、三納代神楽、比木神楽だった。

一番神楽　2019.2.9

一番　一番神楽　G高鍋神楽

二人舞　烏帽子を被り赤の狩衣に白袴を着用する。右手に鈴左手に扇を携えて静かに舞う。舞庭を浄める。神楽始めの舞。

※詳細は四章二項に掲載

大　神　2019.2.9

花の手　柴を後ろに放る　2019.2.9

二番　花の手　比木神楽

二人舞　五色の面帽子（切紙笠）を被り、白素襖、白袴を着用する。

右手に鈴左手に扇子を携え、次に神庭に榊葉・饌供を供えた三宝前に座し、榊葉を唇と人差し指・中指に挟み、立って神庭を巡り、再び座し榊葉を後方に放る。饌供も四方に放る。最後に空になった三方を持ち舞い納める。

三番　大　神（かんなぎ）　三納代神楽

一人舞　もともと黒の毛頭に天照大神を象る大神面を着けるが、舞手が少女だからか女面を着けない。天冠を被り薄黄の素襖に緋袴を着す。

左手に大御幣《おおみてぐら》を持ってかつぎ右手に扇子を持ち、優雅に舞う。

鬼　神　2019.2.9

闢開神楽　2019.2.9

四番　鬼　神　G高鍋神楽

一人舞　五色の面帽子、長い茶の毛頭、赤鬼面を着ける。白衣の上に赤金襴千早、金襴袴をはく。

右手に鬼神杖を持ち左手に扇子を携えて舞う。大御幣を両脇に挟む。舞の途中に素面の舞手二人が参入、鬼神が肩もみ、平押しなどをする。

五番　手力雄　子供神楽　三納代神楽

※詳細は四章一項に掲載

六番　闢開神楽　比木神楽

二人舞　烏帽子を被り白素襖に白袴を着ける。

右手に鈴を持ち左手閉扇で舞い始め、途中から開扇、扇を手の甲にのせて舞う。採物が違うが宮神楽と同じ舞とみる。

七番　鬮開鬼神　G高鍋神楽

一人舞　五色の面帽子を被り茶色の長い毛頭、白面を着ける。白衣に金襴千早、同袴を着用する。腰に幣二本挿し右手に鬼神杖を持つ。

演舞の途中に鬮開神楽の舞人二人が舞い込み、鬼神が肩もみ、平押しを行うなど三人で舞う。素盞嗚命が稲田姫を娶《めと》り喜ばれたときの舞と伝える。

鬼　神　肩もみ　2018.12.1

将　軍　2018.12.1

八番　将　軍　比木・G高鍋

二人舞　五色の面帽子を被る。白衣に金色千早、薄紫の膝下を

伊勢神楽　2018.12.1

絞った袴を着用する。背に矢を負う。

初め左手に弓、右手に鈴を持って舞い、次に二人は横並びとなり弓を重ねる、弓に矢をつがえるなど採物を換える。跳ぶなど激しい動きのある舞。
※詳細は四章二項に掲載

九番　花の手　子供神楽
三納代神楽
※詳細は四章一項に掲載

一〇番　伊勢神楽　三納代神楽
一人舞　烏帽子を被る。紫狩衣に白袴を着ける。鈴と祓い幣を持ち舞う。
途中荒神が舞い込んで神主と問答する。
※詳細は四章一項に掲載

荒　神　2018.12.1

一一番　荒　神　三納代神楽

一人舞　赤面、黒毛頭を着ける、紫の鉢巻。白衣に赤千早、金襴袴を着用する。腰に幣を挿す。杖を持つ。

荒神が勇壮に舞った後、伊勢舞を舞った舞手と太鼓に腰かけた荒神が問答する。

※詳細は四章一項に掲載

一二番　綱　切　三納代神楽

一人舞　赤面、黒毛頭を着ける。紫の鉢巻。白衣に幅広袴・裁着袴を着用する。太刀を挿す。

面棒を持ち長さ七、八メートルの十字に置いた太藁縄を跨いで進み、面棒で縄を打ちながら右回りにまわる。舞の半ばで袴を脱ぎ裁着袴に着替え、赤腰帯をしめる。終盤、伶人や控え舞手が両端を持ち、支えた太藁縄を大蛇に見立て、舞いながら一刀のもとに斬り、もう一本も切断する。

綱　切　六社連合八坂神社　2014.1.12

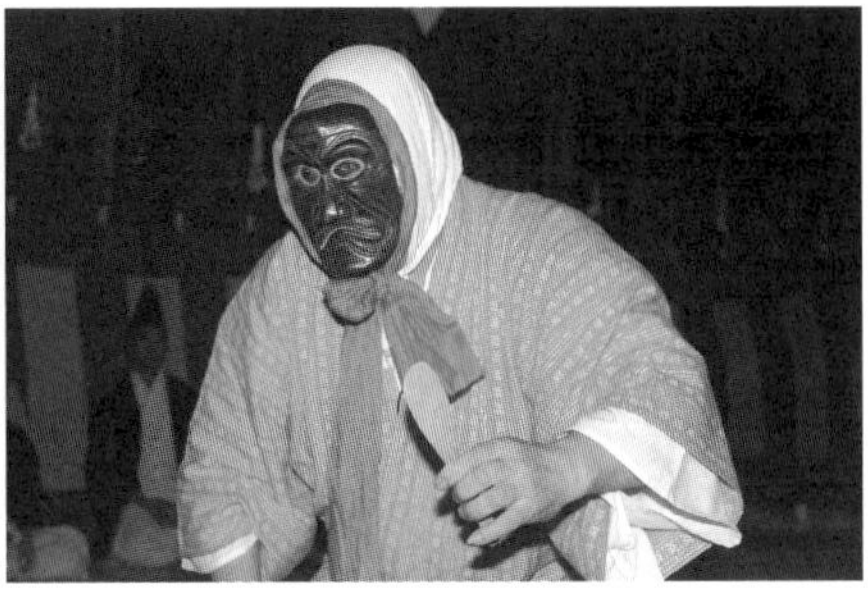

磐　石　2018.12.1

振　揚　2018.12.1

※詳細は四章一項に掲載

一三番　磐《ばん》石《ぜき》（メゴンメ）　比木神楽

一人舞　濃茶の面を被り手拭で頬かむりして、赤布を額から顎へに回して縛る。赤着物、白袴を着用する。腰に飯カゴ（竹籠）を下げる。

初め左手に大祓幣、右手に鈴を持ってひょうきんに舞う。次に幣と鈴を置き、腰に下げたテゴの中から椀としゃもじを取り出し、楽人や控え舞手と面白い問答をしながらおかしな所作をする。次に擂粉木《すりこぎ》を取りだし、問答や腰を激しく振る所作を続け見物人を笑わせる。

擂粉木は男根を表し増産と生殖を祈念する。メゴンメはメゴ（竹籠）ン（の）メ（舞）のこと。

一四番　振　揚　比木神楽

一人舞　五色の面帽子を被り、白衣、白袴を着用、赤タスキを掛ける。
右手に抜身の太刀を持って舞い、次に二本の太刀を両手に持って演舞する。

宝剣の舞　2018.12.1

一五番　宝剣の舞　三納代神楽
四人舞　面帽子を被り、白素襖・白袴を着用する。抜身の刀と鈴を持って舞い、後半、烏帽子に濃紫の狩衣、白袴を着け、鈴と舞幣一対を持つ神主が登場し、東西南北に位置する四人の舞手と問答する。
※詳細は四章一項に掲載

一六番　寿の舞　比木神楽
一人舞　烏帽子をかぶり白翁面を着ける。白衣、袖をたくしあげた素襖、袴を着用する。腰に幣一本を挿す。控え舞手に背負われて登場。右手で杖をつき腰を折って、ほとんど場所を動かないで舞う。舞途中に、若い舞手が出てきて神庭に横たわる翁を起こしたり腰をさすったりする。また、

寿の舞　観客を招き入れる　2018.12.1

翁は観客から女性を招きいれ、笑いをとる行動をする。最後も背負われて退場する。

一七番　鬼神舞　三納代神楽

一人舞　黒毛頭に赤鬼面、白衣に金襴千早、同幅広袴を着ける。腰に幣、腹に扇を挿す。

鬼神杖を持ち勇壮に舞う。途中で烏帽子、白衣、白袴に鈴と扇を持つ素面の二人が登場し、鬼神が二人に杖を当て一方は回す、二人に杖を当て押す所作をする。

※詳細は四章一項に掲載

鬼　神　2018.12.1

一八番　岩通し　三納代神楽

三人舞　面帽子を被る。白衣に白の大柄模様の裁着袴を着ける。二人が抜身の刀、一人は杖、鈴を持ち舞う。岩通しや岩潜りを行う。

※詳細は四章一項に掲載

岩通し　2018.12.1

舞　揚　2018.12.1

一九番　舞　揚　G高鍋神楽

一人舞　烏帽子に紫の狩衣、白袴を着ける。幣と鈴を持ち舞う。神職舞といわれる。

※詳細は四章二項に掲載

二〇番　手力雄　比木神楽

手力雄　2018.12.1

戸開雄　2018.12.1

一人舞　面帽子を被る。黒毛頭、白面を着ける。金襴素襖に白袴を着用する。鈴と幣二本を持ち舞う。

二二番　戸開雄　比木神楽

一人舞　五色面帽子　毛頭、白面、白衣に赤千早、赤袴を着ける。

面棒を持ち舞う。上座に金銀の開扇が置いてあり岩戸を表す。後半、金銀の扇を一枚ずつ除き岩戸を開ける象りとする。

二三番　繰卸　比木・G高鍋

八人舞　五色面帽子、白衣・白袴を着ける。

繰　卸　2018.12.1

正面に向かって二列縦隊に位置する。鈴とヤマに繋がる縄をそれぞれが持つ。初め右手に鈴、左手に扇子を持って一番神楽を演じ、次に左手に繰卸の注連縄を持ち右手に鈴、次いで注連縄だけを持って演舞する。最後に縄を強く引き注連柱から取って舞い納める。

二三番　神送神楽　比木神楽

二人舞　五色面帽子、白衣に白袴を着ける。右手に鈴左手に扇を持って舞う。

四　コロナ禍で日中斎行となった比木神楽

令和二年十一月、比木神社から神事（夜神楽）についてのお知らせをいただいた。新型コロナウイルス感染症拡大防止のため規模を縮小して神職、伶人、氏子総代のみの参列にて、十二月六日に昼神楽五番を奉納するという内容であった。

この年は二月から全国的にコロナウイルス感染が拡大し、三月に入って宮崎県内で広がり始めていた。宮崎・日南の春神楽が神事のみの祭事、神楽奉納は中止された。高千穂・椎葉など県北の夜神楽は神事だけか、神事と式三番（高千穂神楽では神降、鎮守、杉登を「式三番」といい、必ず舞う重要な演目）の神楽奉納、加えて地区外からの観覧はできないという情報が入っていた。

祭り当日、本殿での神事が終わって、橋口宮司は夜神楽を中止した記憶はなく、百数十年前疫病が流行って止めたと聞いたと話された。

舞処には柴垣（ヤマ）の設置は無く、社殿左の境内にガラ竹四本を立て、それに注連縄を巡らした二間に二・五間、通常より狭く位置も違った神庭が設置された。神籬《ひもろぎ》となる金幣を正面中央に、向かって左上座が宮司座、右下座に楽人座が設けられた。氏子総代や伶人の家族と思われる人々数十人が観覧した。
十一時頃から神楽七番が奉納され午後二時頃終了。演舞は鬼神舞を除いて、どの演目も二分の一から三分の二位に縮小した舞であった。

宮神楽
2020.12.6

鬼　神
肩もみ
2020.12.6

一番　宮神楽　一六分
二人舞　烏帽子を被り赤の狩衣に白袴を着用する。右手に鈴左手に扇を携えて静かに舞う。舞庭を浄め神楽始めの舞。
宮神楽は一番神楽と基本同じ。舞う時間を短縮し、腰を浅く落とす所作で舞う。

二番　鬼　神　三〇分
一人舞　五色の面帽子、黒の毛頭、赤鬼面をつける。白衣の上に赤金襴千早、金襴袴をはく。
右手に鬼神杖、左手に開扇を持ち舞う。舞の途中で白衣に白袴、開扇で鈴の舞手二人が参入、鬼神が肩もみ、平押しなどを演じる。

将　軍　2020.12.6

三番　将　軍　一〇分
二人舞　五色の面帽子を被る。白衣に金色千早、薄紫の膝下を絞った袴を着用する。背に矢を負う。
初め左手に弓、右手に鈴を持って舞いはじめ、次に二人は横並びや対角となって跳ぶ。弓と矢、矢二本を持つなど採物を換えて演舞、今回舞手が並列になり弓二本を重ねる舞は省略された。

四番　磐　石　一四分
一人舞　濃茶の面を被り手拭で頬かむりして、赤布を額から顎へにまわして縛る。赤着物、白袴を着用する。腰に飯カゴ（竹籠）を下げる。

磐　石　飯を食わせ、食う仕草　2020.12.6

鬮開鬼神　2020.12.6

初め左手に大祓幣右手に鈴を持ってひょうきんに舞う。次に幣と鈴を置き、椀とシャモジを懐から取り出し、楽人や控え舞手と面白い問答をしながら、飯を食わせ見物人は食う所作をする。擂粉木を採物とする演舞は省略された。

五番　鬮開鬼神　一〇分

一人舞　五色の面帽子を被り毛頭、白面を着ける。白衣に金襴千早、同袴を着用する。腰に幣二本挿し右手に鬼神杖を持つ。

鬼神舞とほとんど同じ。舞の途中に鬮開神楽の舞人二人が舞い込む演舞は省略された。

六番　戸開雄　一〇分

一人舞　五色面の帽子を被り、毛頭、白面、白衣に赤千早、赤袴を着ける。

面棒を持ち舞う。上座に金銀の開扇が置いてあり岩戸を表す。後半、金銀の扇を一枚ずつ除き岩戸を開ける象りとする。

七番　成就舞　四分

二人舞　五色面帽子、白衣に白袴を着ける。右手に鈴、左手に扇を持って舞う。

戸開雄　二枚の岩戸を放る　2020.12.6

成就舞　2020.12.6

五　比木神社の祭祀

1　お鈴の口開け

「口開け」「口明け」は『広辞苑』によると、物事のはじめ、最初、かわきりなどとある。かつて、宮崎県内では正月二日、四日または十一日に行う儀礼的な作業を「仕事始め」「口開け」などと言って、農家では早朝田畑に行き一鍬二鍬打ち、豊作を願ってそこにユズリハやウラジロを立てた。これを「田の口開け」と言った。林業関係者はその年の恵方の山に行き、常緑樹の小木一、二本伐って作業安全を願い「山の口開け」をした。

漁師は港や周辺海域の定置網まで船をだす「乗り初め」を、商人はその年最初の出荷である「初商」を行い商売繁盛を願った。鍛冶師や桶師などの職人も午前中簡単な作業を行い、その後神酒などを飲んで祝った。

その他にも、例えば猟師は空に向かって撃つ「鉄砲の口開け」を行い、その年の豊猟と安全を祈念した。

宮神楽　2019.2.9

生業だけでなく、神楽が盛んな高千穂ではその年最初の神楽奉納を「太鼓の口開け」「神楽の口開け」といって旧暦一月十一日に行う。

平成三十一年二月九日、木城町比木神社では恒例の「お鈴の口開け祭」があった。この日は旧暦一月十一日、高千穂神楽の「太鼓の口開け」と同じ日に当たる。但し、比木神社では本来は旧暦一月五日に行っていた。

鈴は神楽では必ず右手に持ち、舞いながらシャンシャンと鳴らす採物で、「お鈴の口開け」とは新年になって最初に神楽を舞うことを意味し、高千穂町などで行われる「太鼓の口開け」と同じこと、比木神社では太鼓ではなく鈴ということである。

午前十時、氏子惣代や氏子など数十人が拝殿にあがり、宮司による神事に続いて神楽が奉納された。まず、二人舞の宮神楽で舞殿を祓い浄め、そこに鬼神（一人舞）が降臨して舞う。次に手力（一人舞）が勇壮に舞い、最後は二人の成就舞で舞い納めた。

人形を奉納した氏子名を読みあげる

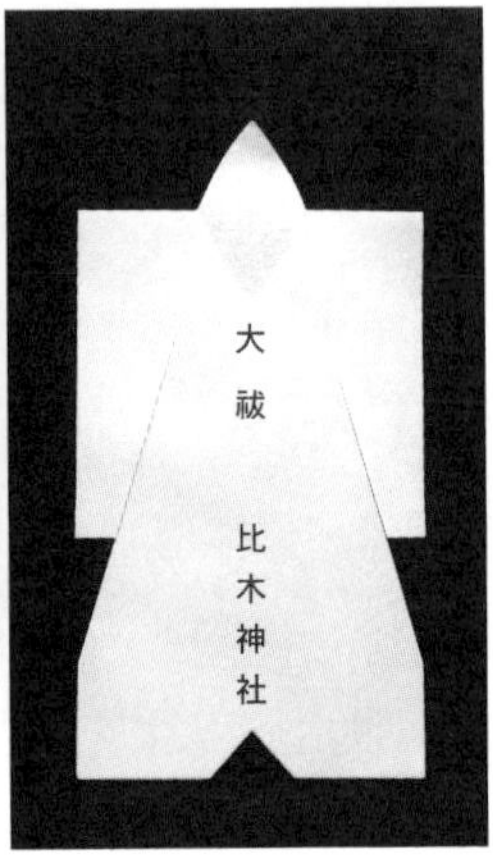

人形　2019.2.9

神楽奉納と並行して、本殿では「人形《ひとがた》大祓神事」が行われた。人々が過去一年間に、知らず知らずの間に過ちを犯し、その罪穢を祓い浄めて、身も心も清く明るい境地にかえるというもので、宮中をはじめ全国の神社で行われる神事である。

比木神社氏子は前もって、紙製の人形に氏名と年齢を書き、身体を撫でて次に息を三回吹きかけ袋に入れる。各地区の氏子惣代はまとめて「お鈴の口開け祭」の大祓に提出、宮司は数百人の名前一人ひとりを神前で読み上げ、およそ一時間浄め祓いを行った。人々は大祓によって一切の不浄を清めて新しい年の安穏を願った。

参考資料：
『宮崎県緊急民俗文化財分布調査』宮崎県教育委員会
小野重朗編『宮崎県史叢書　宮崎県年中行事集』宮崎県

2　裸祭り

比木神社では毎年十一月十四日、裸祭りが行われる。祭りは「裸参り」とか、フンドシ姿で禊場《みそぎば》と神社の往復を「ホイホイ、ホイホイ」と掛け声をだしながら駆けることから、「裸ホイホイ」などと呼ぶ。

祭りの日の午後、氏子総代や神職などが神社に集合して祭りの準備をする。

斎場は参道中ほど左手の若御子社、その前で祭事や神楽奉納が行われることから、清掃や神庭の設置、焚き火の準備、参道の注連縄張りを行い、禊場となる川岸に二メートルほどの間隔で青竹を立て、その間に注連縄を張る。禊の後川原で身体を温める焚き火の準備、参拝者に振る舞うおでんやぜんざいなどの準備を行う。

午後七時頃、拝殿で神職によるお祓いが行われ、続いて本殿右側の稲荷社・菅原社、左側の一之宮社で神事と神楽（成就舞）が奉納される。

本殿と脇社での神事が済むと参道脇の若御子神社に向かい、そこで神事が行われる。祝詞奏上、玉串奉奠《ほうてん》などの後神楽（宮神楽）が奉納された。

その後、フンドシ姿となった禊参加者（平成二十九年は一六人）は本殿前でお祓いを受け、数百メートル先の小丸川へ「ホイホイ、ホイホイ」の掛け声を発しながら駆け足で向かう。水辺には注連縄を張った結界が設えてあり、そこで塩を撒いて祓い、川へ入る。そこは江戸時代、雨乞祈禱した蛇ヶ渕の数百メートル川下で、前もって決めてあった深さ一メートル余の所で静かに肩辺りまで浸かり三、四分後岸に上がる。冷えた身体を勢いよく燃える焚き火で温め、左綯《ひだりな》いの注連縄を腰に結ぶ。

往路を引き返し神社に戻ると、腰に巻いた注連縄を鳥居柱に結ぶ。禊を終えた数人が若御子社境内の焚き火でできたオキリ（熾火）を柄杓《ひしゃく》に入れ、神社から二〇〇メートルほど離れた「火除け牟田」という石祠の前に置き、火鎮めの祈願をする。

「ホイホイ、ホイホイ」の掛け声　2017.11.14

冬季河川での禊は結構ながい　2017.11.14

この後、若御子社前で神楽が奉納され、ぜんざいやおでんの振る舞いがある。舞は鬼神と将軍それに柴舞。柴舞は両手に榊柴の束を持ち二人が互いに向かい、柴束を重ね静かに左右に動かし、方向をかえて同じ動きで演じる。比木神楽の演目では見られない動きの少ない優雅な舞である。

　この柴舞は比木神社の冬大祭で奉納される神楽では演舞されない。柴舞は裸祭りと日子神社だけで奉納される舞で、一般には知られていない珍しい舞である。

柴　舞
2017.11.14

湯立神楽
佐伯市
1999.1.31

　今は舞われない高鍋神楽第三十一番に柴舞がある。「二人舞で白衣に黒袴をはき、刀を腰に佩《は》き、両手に夫々《それぞれ》榊の束を持って舞う。その後異様の奏楽裡に薪を燃やす。この神楽は別の浄地で行はれ、昔は牛七駄片荷の薪を燃やす定めと伝えられ、また残り火を供える行事があり、かつては残り火を踏んで渡る等の行事が行はれた」（『日向高鍋神楽番付及縁起』）（※1）とあり、三十一番の柴舞がこれに当たると思われる。

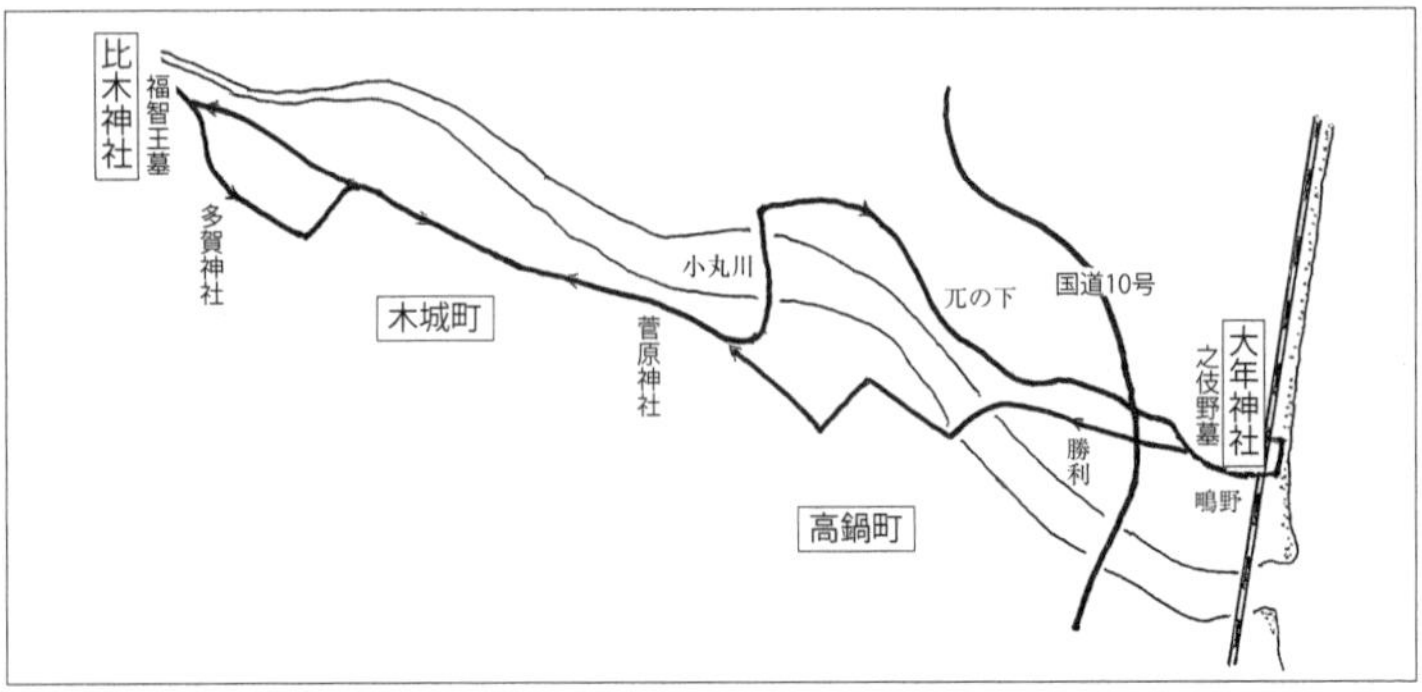

神幸コース

現在の裸祭りでも牛七駄半に見合うような大量の薪を準備し、火焔が高く燃え上がる中に柴舞が演じられる。

熾火を「火除け牟田」に奉納する行為は、修験行者が熾火の上を裸足で歩く火渡り行、柴舞は湯立神楽の名残りではないかと比木神社橋口宮司は話された。

3　大年下り

大年下りは、比木神社祭神福智王が母神之伎野《しぎの》に逢うため浜下りする祭り。

貞享四年（一六八七）の「高鍋藩寺社帳」に、比木神社祭祀として「十一月初申日大年下リ上リ」とあることから、三三〇年余前江戸中期には奉納されていたことが分かる。

寛政四年（一七九二）閏二月十二日、高山彦九郎が「十一月初メの申ノ日鴨野大年大明神へ神輿入る。大年ハ母神也」（『筑紫日記』）と記している。

大年神社は高鍋町大字持田字鴨野に鎮座、祭神は稲田姫命、禎嘉王妃之伎野。毎年旧暦十一月初申の日、「大年下り」と称する木城町比木神社の神幸があり、祭日の前日に比木神社の社人七人中の一人が大年神社にきて祭場を浄め、比木神社の神幸を迎える。かつて比木神社の代、長照寺住職並びに宮田神社の代、宮田寺住職や比木神社の社人等数人がこれに付き添った。

岩渕へ向かう祭神　2019.11.4

早朝七時半、神事の後「袋神《ふくろがみ》」が出され、氏子総代の一人に渡されるが、必ず左肩で担うことになっている。

八時頃、「比木神社」と染め抜いた幟を先頭に、大祓大幣、袋神、宮司の順で出立。大鳥居、社東の一の鳥居をくぐり小丸川堤防を東に進み、すぐに右に折れ稲刈りを終えた岩渕の農道を歩いて多賀神社へ。多賀神社では本殿に袋神を安置し神事を行う。次、萱窪へ。道脇の小祠前に地区役員数人が待っており祠で神事、初穂米を奉納し地区の安全や豊作を祈願する。中椎木の愛宕神社へ神事の後比木社一行に茶菓の接待があり、さらに町内吉岡家の床の間で神事が行われた。

高鍋町に入る。長距離のため一行は車で移動し青木地区へ。信者や地区民多数が出迎える。次の菅原神社へは徒歩、鳥居脇に幟が立つなど祭りの雰囲気を醸す。拝殿は公民館らしい建屋で、本殿は拝殿に併設されている。境内では地区民に比木社役員が「比木大神守幸給攸」と書いたお札を渡し、つづいて佐川家で神事。

高鍋町持田の水天宮。兀《はげ》の下《した》公民館庭の一隅に一メートル四方に石で囲った中に植樹された一本の榊が水神として祀ってあり、そこで神事が執り行われ多くの地区民の参拝があった。公民館北約一〇〇メートルの水田畔に石柱が立っておりそれが水神という。坂本集落、家床集落の愛宕神社を巡幸、多くの地区民が出迎えた。

　午後三時ごろ、大年神社鳥居前に着く。「比木神社大年下り寄せ処」と記した、海岸に打ち上げられた大振りの流

浜で禊を済ませて大年神社へ向かう　2019.11.4

大年神社宮司による神事　2019.11.4

木前で神事が行われた。それから海岸に出て袋神の禊を行い、一行は餅と呼ぶ平たい石二個を拾い、海岸を数百メートル北上して左に折れて大年神社に向かった。

福智王と墨書した額束にある鳥居と二メートル四方を柵で囲った中央部に「比木大神」と刻字した一メートル余の石碑が建立された聖地が設えてあった。一行はそれぞれ肩の餅をここで下ろした。これに似た行為を師走祭り神門でも行う。石碑に袋神を安置し大年神社宮司が神事を行った。

勝利での神事　2019.11.4

福智王聖地の北、一〇〇メートルほどに母神を祀る大年神社が鎮座するが、袋神（福智王）はそこには参らない仕来り、比木から一〇数キロ離れた母神を祀る大年神社に神幸しながら、別れが悲しいと本殿に参らない習わしという。
日が西に傾きだしたころ、大年神社を後にして勝利《すぐり》の菅原神社へ向かう。水田が広がる一角に墳丘のように土を盛った中央に、一メートル四方に笹竹を一〇センチ間隔にコの字形に立てた聖地に袋神を立てて神事が行われた。馬場原の菅原神社、田畑の菅原神社に巡幸、夕方何かと忙しい時分特に主婦は夕飯準備であろう時刻に多くが参り接待された。

夕方六時ごろ帰社、社務所で直会が行われた。

4　お里まわり

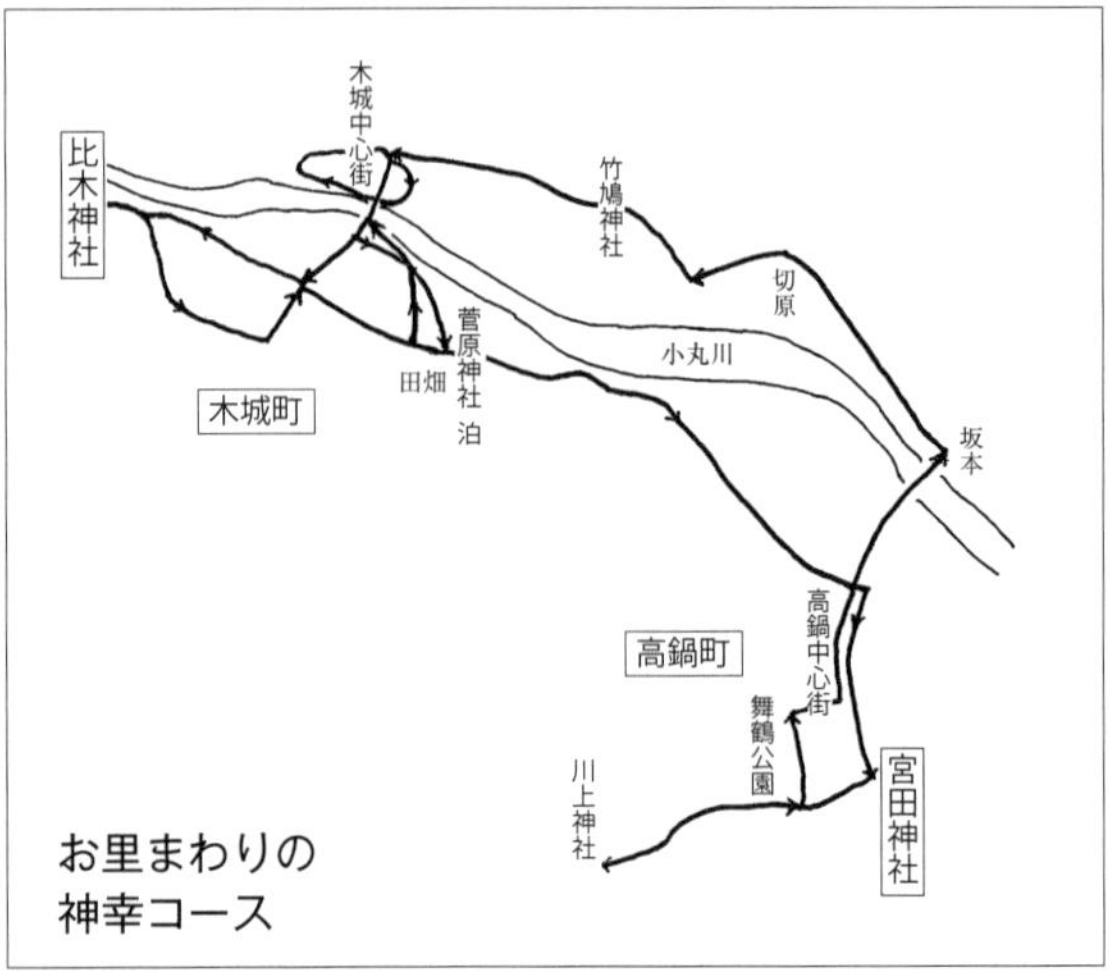

お里まわりの神幸コース

お里まわりは貞享四年（一六八七）の「高鍋藩寺社帳」に比木大明神（比木神社）祭祀に「九月中申日御里廻リ上リ下リ」とあり、三三〇年余前江戸中期には既に行われていたことが分かる。

高鍋藩にとって領内での諸祭りの中でもこのお里まわりは特別だったとみえ、高鍋藩の史料である本藩実録に再三記録されている。

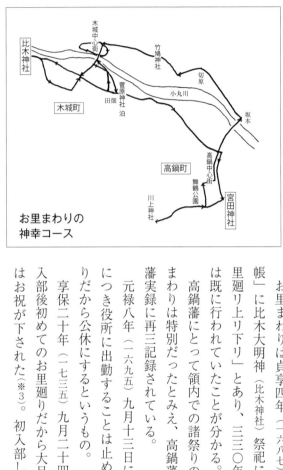

元禄八年（一六九五）九月十三日には比木お里廻りにつき役所に出勤することは止め（※2）、つまり祭りだから公休にするというもの。

享保二十年（一七三五）九月二十四日には、藩主の入部後初めてのお里廻りだから大目付以上の家臣にはお祝が下された（※3）。初入部したのは六代藩主種美《たねみつ》。種美は前年十二月七日に家督を譲られ藩主になっている(※4)。

藩の職制は家老、用人、奉行、大目付、者頭(物頭)、町奉行、代官、目付、大納戸方、小納戸方、小姓。大目付は領内諸事の見聞、人柄の見分け、勤務状況の報告他である。

天保四年(一八三三)九月十七日のお里廻りのときは、大目付以上には酒、吸物、赤飯が下され、囃子を見ることが許されている。この慣習は続いたと思われるが、同六年九月二十二日の記録にはなかった。理由の記載無し(※5)。お里まわりが特別扱いされるものに、宝暦元年(一七五一)九月十七日お里廻りのとき社人が役所まで騎馬でお供することが許されている(※6)。

コロナ禍、神輿は車に乗せて　2020.10.24

[初日]

比木神社を八時出立。神輿も御神幸一行も車で高鍋へ向かい最初の立寄りは川田神社。「比木神社のお里廻り(宮田神社への御神幸祭)には当神社の境内を提供すると共に、地区の神事としても崇敬する人が今も多い。」(※7)
お里まわりは宮田神社詣でが主たる目的、高鍋中心街は徒歩での神幸。

この宮田神社では、「古来より続けられている比木神社お里廻り（御神幸祭）の節は夜を徹して渡御が行われ其の盛儀を拝し近郷の氏子、崇敬者も列を並べていたが、（略）一泊されていた比木さんも、昭和三十五年頃から昼間二時間ぐらいに短縮された。」（※8）

寛政四年（一七九二）閏二月十二日、高山彦九郎は「九月申ノ日高鍋城下宮田大明神へ神輿入りて村々を廻りて帰社、是を御里廻ハりと号す、宮田は妹神也」（『筑紫日記』）と記す。「妹神」とは比木福智王の妹のことだが、宮田神社は福智王妃としている。

比木神社の主たる祭祀に、父親禎嘉王を訪ねる神門御神幸祭（師走祭り）と母親之伎野を訪ねる大年下り神幸祭があり、お里まわり神幸は比木神社祭神福智王妃を訪ねる祭りである。現在も宮田神社では十時半から午後一時過ぎまで逗留し神楽が奉納される。

宮田神社での神事、疫病退散も祈った　2020.10.24

県道二四号を西都方面へ向かって川上神社へ、それから引き返して持田へ。坂本の愛宕神社、

木城町中心街　2020.8.16

切原の美年神社、竹鳩の竹鳩神社、下鶴の八幡神社そして夕方六時半ごろ木城町田畑の菅原神社に着く。菅原神社は御旅所として一泊する。

【二日目】

午前九時菅原神社を奉仕会若者が輿を担いで出発。木城町内商店街、町役場、昼頃中川原の公民館、商店をまわり中椎木愛宕神社。岩渕の多賀神社をまわり、六時ごろ比木神社に帰社。

なお、令和二年（二〇二〇）は十月二十四日（土）・二十五日（日）に予定されていたが、新型コロナウイルス感染拡大を考慮して祭りを縮小し、二十四日の一日だけとなった。神輿は軽トラで巡幸し、木城町中心街は人の肩による巡幸となった。宮田神社での神楽奉納は中止された。

※1　児湯郡木城尋常高等小学校「日向高鍋神楽番付及縁起」

※2『宮崎県史料第一巻　高鍋藩本藩実録』宮崎県立図書館

※3※4※6『宮崎県史料第二巻　高鍋藩拾遺本藩実録』宮崎県立図書

館
※5『宮崎県史料第四巻　高鍋藩続本藩実録下』宮崎県立図書館
※7※8『宮崎県神社誌』宮崎県神社庁

第三章　師走祭りと比木神楽の広がり

一　師走祭り

殉死した内侍たちの墓　比木神社近く

1　百済王族伝説

朝鮮半島百済国で内乱が起こり、禎嘉王、福智王一行は難を避けて、天平勝宝八年（七五六）九月日本に亡命し、二年後には安芸国（広島県）より日向国に逃れるが悪天候に遭遇、父禎嘉王は金ヶ浜（日向市）に上陸して神門郷に隠れ住んだ。長男福智王の船は高鍋浜（高鍋町）に漂着し、それより高城村（木城町）の比木に定住した。

ところが本国の叛乱軍がこれを知って兵を差し向けた。禎嘉王は神門の土豪益見太郎の援を借りて戦うが、坪谷郷伊佐賀の坂で敗れ次男華智王が戦死した。そこへ福智王の援軍が着到し、近郷住民も加勢したので敵を全滅することができた。

しかし、父禎嘉王は流れ矢に傷つき斃《たお》れたので神門大明神に祀り、殉死した内侍一二人と御乳《おち》人《の》《ひと》（乳母）を末社に合祀した。福智王は母后と共に比木に還り天寿を完《まっと》うし、母后の霊を持田の大年大明神として祀り、福智王と王妃は比木大明神に奉祀されたという。

毎年旧暦十二月の比木神社神幸祭は、これらの故地をめぐり、異色ある祭事として聞こえている（※1）。

2　師走祭り（御神幸祭）

比木神社祭神福智王が九〇キロほど離れた神門神社祭神父禎嘉王を訪問するもので、神幸距離が長い祭礼は宮崎県内では他に例をみない。昔は徒歩であったため九泊十日であったが現在は車を使い二泊三日となっている。

貞享四年（一六八七）の「高鍋藩寺社帳」に比木大明神の祭礼に「十二月御神門上リ下リ」とあり、つまりこれが今に言う師走祭りで、江戸中期には行われていたことが分かる。一月中下旬に行われるが旧暦では十二月、師走である。

師走祭りを比木では「御神門上リ下リ」とか「神門御神幸祭」と言っており、神門では旧暦十二月の満月に近い卯の日に比木一行が発ち、子の日に帰社したので「干支祭り」とも言った。

①高山彦九郎日記

寛政四年（一七九二）閏二月、尊王家高山彦九郎が比木を訪れている。

「十二日、比木村に入る、石鳥井社南向キ、比木大明神百済国福智王を祀る、百済ヨリ此所へ隠れまし墓も有り、（中略）福智王子の父ハ延岡城下ヨリ西六七里きじのミかど（鬼神野神門）に祀りて有り、毎年極月に至りて鉾と太刀ときじのミかどへ渡りて申酉ノ日祭りありて帰へらる、父へ省するの意なるよし」（※2）

さらに、神門でも記録している。

「閏二月十九日、（略）神門大明神拝殿宮殿巳午ノ間に向ふ杉ノ大木多フし十二宮大明神とも称す、極月申酉の日祭礼比木大明神の親神にて比木の神卯ノ日に発駕、美々津通行未の日に爰に神体鉾渡らせ玉ふ、百済王ともいひ又タ頼朝伊藤の館にて預けられし子也とも称す」

②賀来飛霞の高千穂採薬記

江戸末、延岡藩の依頼により薬草調査で神門を訪れた豊前（大分県）の本草学者賀来飛霞《かくひか》もこの祭りを記録している。

「弘化二年（一八四五）四月四日、相伝フ此神元ト漢土ノ帝王ノ彼国ノ乱ヲ避テ来リ玉ヒシト、又高鍋領内ニ此神ノ御子タル神ノ在ストテ、十二月祭祀ノトキ彼領ヨリ神輿ニテ此地ニ行幸

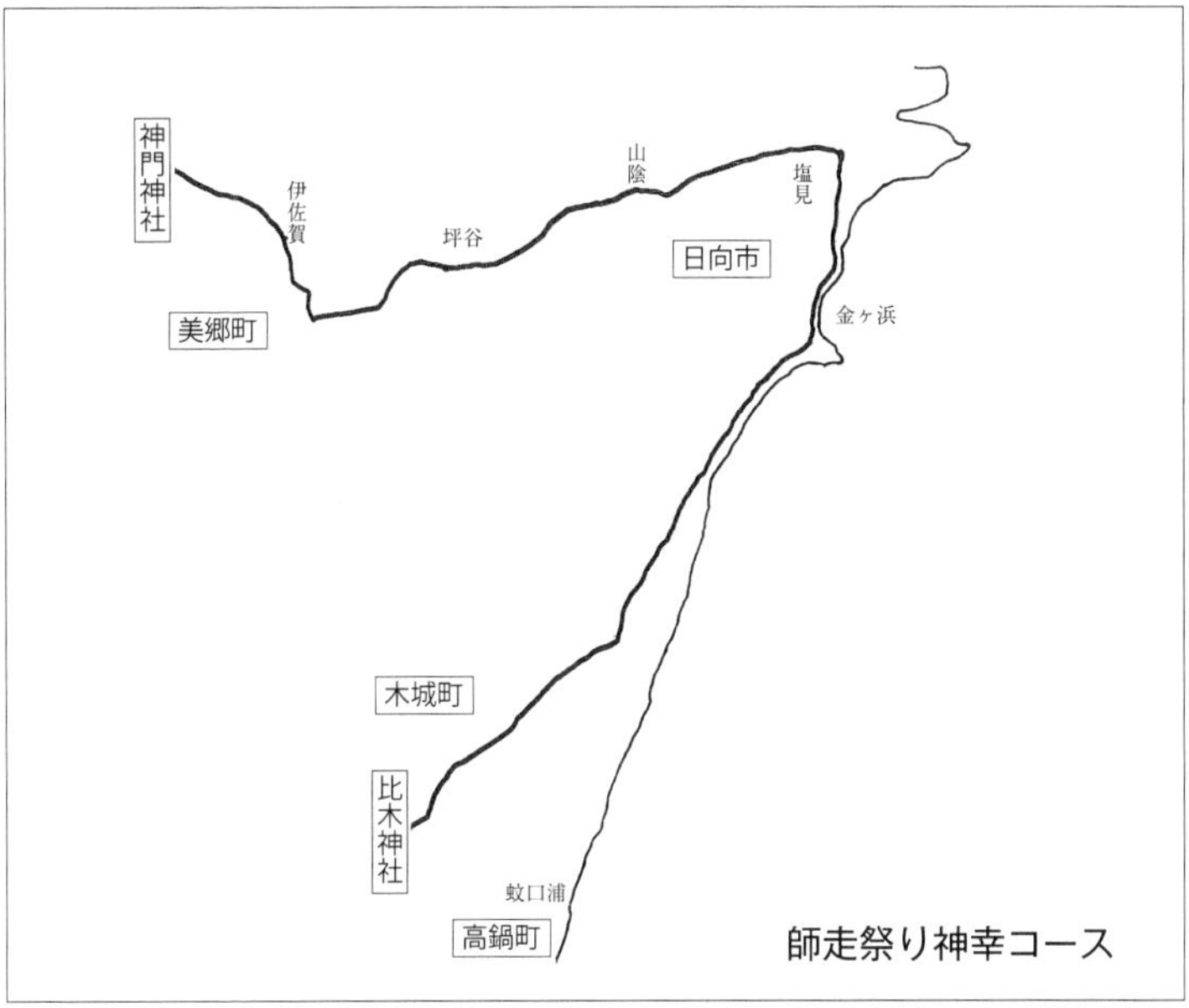

師走祭り神幸コース

アリテ、遠近ノ村々ヨリ群集シ歳晩ノ買物ヲ出シ、又各地ノ産物ヲ交易スルトイフ、土人（地元の人）ハ此神ヲ鈍太郎様（ハン）ト称シ又神門神と称ス、未タ其実ヲ知ラス」（※3）

江戸中期、比木は高鍋藩、神門は延岡藩、神幸途中の坪谷は幕府領であったので藩域を越えて祭りが行われたということになる。祭りの起源を江戸時代に想定することは、越境などを考慮すると困難で、両神社がある児湯郡と東臼杵郡を同じ領主が支配していたのは、中世、日向国の中北部を領有していた都於郡伊東氏で、師走祭の起源は室町時代か、それ以前まで遡るのではないかと考えられる。

3　祭りの行程

［一日目］

宮司や神職、氏子一八名が比木神社を出立、父禎嘉王が漂着した金ヶ浜海岸（日向市）に向かう。金ヶ浜は比木神社から三十数キロ。

御神体袋神を先頭にふんどし姿の八人が海に入って禊、浄めた身体となり浜に上がって袋神と大幣を携えて再度海に入り、神幸の無事を祈念する。金ヶ浜は比木から神門へ向かう「上りまし」の重要な聖地である。

財光寺（日向市）から羽坂・坪谷を経て神門（美郷

出発。一の鳥居をくぐる　2020.1.17

日向市金ヶ浜で禊　2014.1.24

町）へ入る。一方、神門神社では比木一行を迎えに、宮司や伶人、総代など十数人が出立。小丸川沿いを六キロ下り小又吐あぶら田渕で禊を行い、二キロ先の伊佐賀神社へ向かう。

比木神社一行は昭和三十四年以降、伊佐賀神社参道入り口の田中利吉家で昼食をとる。昼過ぎ伊佐賀神社で両社が対面、神事の後出会い神楽を奉納する。神楽が終わるまで両社は挨拶してはいけない習わしになっている。

伊佐賀神社からは神門神社一行が先導し、四キロ先の塚の原へ向かう。伊佐賀の戦いで禎嘉王が死亡、塚の原に葬ったという。ここで両社合同の神事と神楽奉納が行われ、参拝者には村人が準備した鶏汁と赤飯、団子、煮しめなどの振る舞いがある。

「比木さんへ」沿道に供物を置く　2014.1.24

南郷中運動場で笠取り神事。神門神社宮司が袋神の笠を外し、御神体を顕にする。塚の原を発つとやがて神門。神門に入る前に小丸川衣渕《ころもふち》で禊、一行の神職や入厄の伶人が川に入って身を浄める。

広がる田んぼの中に神門神社一の鳥居が立つ。夕方、比木と神門の一行は水田の中の昔なが

迎え火の中を進む　2014.1.24

らの道を神幸、畦道両側には高さ四メートルほどの杉葉を積んだ櫓三十数基を地元住民や賛同者が設え迎え火とする。一行が通行するするとき一斉に着火、師走の日暮れは早く辺りは漆黒の闇。赤く燃え上がる炎に鳥居や見物人がシルエットとして浮かびあがる。一行は一の鳥居をくぐって神門神社へ向かう。

〔二日目〕

社殿裏山手の塚を「オーオー」と声を発しながらまわるドン太郎祭がある。ドン太郎とは神門辺りに勢力を持った豪族といわれ、漂泊の百済王族を温かく迎え追討との激戦に援軍を送ったと伝える。塚の前で神楽（将軍舞）が奉納され矢二本が放たれる。比木・神門の神がドン太郎へのお礼参りの儀が師走祭り祭典であるともいわれている。

川原で洗濯神事　1989.1.14

「オサラバー、オサラバー」 1991.2.3

ヘグロをつけられた
松浦養老先生（元木城町教育長）1989.1.14

この後、神社下の小丸川で洗濯の神事が行われる。神門の禎嘉王を訪ねた王妃が夫の衣服を洗い清めるというものである。

川原を発つとき、人々は鏡餅に似た平らな丸石二個を拾い、集落入り口の石塚まで持って行きそこに放る。この他、川原での野焼き、夜は神楽が神門神社伶人によって奉納され、午前一時ごろ終了する。

※神門神楽は三章二項2で示す。

[三日目]

午前、比木神社・神門神社両宮司を中心に左右ならんで座し別れの宴が行われる。

宴の途中から宴会準備をしていた女たちは隠し持ったヘグロ（鍋釜の煤《すす》、今はポスターカラー）を神職や氏子などの顔につける。境内の観客や写真愛好者、さらには街中の観光客などにも容赦なく塗りつけるが、塗られる側は笑いながらなすがままにしている。これは別れの悲しみを笑いで隠すという意味があるという。

比木神社一行の帰りが始まる。来たときの畦道を引き返すが、見送る神門の人々は持参した鍋や釜、しゃもじ、竹籠、擂粉木など炊事用具を大きく振り、「オサラバー（さようなら）」「オサラバー」と叫び、帰途の無事と来年の再会を願う。

金ヶ浜での禊　2021.3.13

4　令和三年の師走祭り

前年から蔓延している新型コロナウイルスの感染拡大を懸念し、令和三年の師走祭りは日数や参加者、立寄り先など縮小して、一月二十四日からの予定を三月十三日・十四日に延期して実施された。

宮司、神職、伶人、それに氏子総代四人の七人（通常は一八人）が随行、八時からの祭典を済ませて出立。父禎嘉王が漂着した金ヶ浜海岸（日向市）では例年一〇人前後が袋神と共に波間に入って禊するが、令和三年は袋神のみの禊となった。

金ヶ浜から財光寺（日向市）を経て日向市東郷町卸児《おろしご》へ、百済王族聖地の一つ。地名の由来は百済王の女官が出産した所

卸児で神事　2021.3.13

と伝え、集落の田んぼに「だごみや」という塚があり、村の妊婦は団子を供えて安産を祈願するという。神門へ向かう比木一行が立寄って神事を行い村人たちも供養した。

伊佐賀は禎嘉王と息子華智王が討伐軍と戦った所で、伊佐賀神社は戦死した華智王を祀る。ここで神門神社側が比木一行を迎え、神事の後神楽を奉納した。

伊佐賀からは神門神社側が先導する。

神門の入口となる塚の原に着く。ここには禎嘉王を祀る小祠があり、ここで神事があり神門側が宮神楽を奉納した。その後、神門の先導で「オー、オー」と叫びながら塚を右回りで三周し禎嘉王に別れを告げる。

南郷学園グランドでの笠とり神事。禎嘉王が祀られている

笠とり神事　2021.3.13

迎え火のない古道を進む　2021.3.13

神門神社に着く前に福智王（袋神）は笠を取る仕来り、袋神（御神体）を保護していた笠を神門神社宮司が紐を解き笠を取る。

広がる田んぼの中の古道（畔道）を神門一行が導く。例年ならここは数十の篝火が燃え盛り、紅蓮の炎をバックに神門・比木両社が粛々と進み、上りまして最高に盛り上がる場面である。しかし、県内外から夥しい見物人、カメラマンが押し寄せることから密集が避けられないと迎え火は止められた。

日が傾く午後三時ごろ、神門神社へ。一の鳥居を潜って「お着きの神事」、二の鳥居前で入りましの鳥居神楽（宮神楽）が奉納された。神楽が終わって神門・比木一行は本殿へ。本殿では神門と比木の両者が左右に座し、両社御神体納めが行われた。

本来なら二日目夜に奉納される神楽が、御神体納めに続いて神楽殿で奉納された。「将軍」「鬼神」「舞揚」が奉納、舞揚は女一人舞であるが、番組作成のため練習を重ねた民放アナとの二人舞であった。午後四時四十分、一日目が終わった。

二人で舞った舞揚　2021.3.13

祭り二日目。十四日午前十時三十分、本殿での御神体「お衣替え」。次に社殿裏山のドンタロ塚と山宮で神事、両社代表数人が参加、同時進行で小丸川川原での洗濯神事も代表数人で実施された。

昼食後、本殿で祭典。その後ヘグロ塗り。一の鳥居前に広がる田んぼの畔道で比木一行との別れ。見送る神門の人々は「オサラバー、オサラバー」と大声で呼びかけ、下りましの安全と来年の再会を願った。最後にグランドで笠着け神事を行い、顔のヘグロを落して帰路についた。

※1 『宮崎縣史蹟調査』児湯郡之部第四輯「日州児湯郡高鍋比木大明神本録」

※2 高山彦九郎『高山彦九郎全集第四巻　筑紫日記』高山彦九郎遺稿刊行会

※3 賀来飛霞『高千穂採薬記』

参考資料：『師走祭り　日向国　南郷・神門神社　木城・比木神社』南郷村教育委員会

二　比木神楽の広がり

1　日向市東郷町の神楽

比木神社祭神福智王が現在の美郷町神門神社へ参る師走祭りで、「上りまし」の巡幸道筋に当たる日向市東郷町一帯には比木神楽が伝承する。巡幸が九泊十日のころ、秋留、塩見、姥ヶ森、中の原、山陰、羽坂、釦児、野々崎、産野など、現在の日向市や同市東郷町で神楽が奉納された（※1）。

①山陰神社の神楽

日向市東郷町の山陰神社祭神は大己貴命、祭礼日は十一月十八日に近い土日。天正六年（一五七八）大友宗麟の兵乱に遭い神社に関する書類を焼失、創建等来歴は不明。古くは利国大明神と称し、明治四年（一八七一）若宮神社他を合祀して山陰神社と改称した。

天平勝宝八年（七五六）百済王が敗戦し朝鮮より逃れ、南郷村神門への途中、休憩のため山陰

皇子を隠したと伝える壺　2020.7.30

神社に立ち寄った。その日は非常な寒気で笠の紐をとくにも手が凍えて叶わず、神社の神職が紐を解いたと伝える。

最近まで比木神社の神門神幸のとき当社に立ち寄り笠をとる神事があった。屋根の葺き替えをした四年前、師走祭り巡幸のとき立ち寄ってもらい、「笠ときの儀」を再現した。また当社には神門神社貞嘉王所持と伝える壺と同じ壺（神宝）を所蔵する。

壺は径六〇センチメートル、高さ七〇センチメートル、首径二〇センチメートル、須恵器（朝鮮系か）と思われる。息抜きの小穴があり小さな皇子を入れたと推定され、百済禎嘉王の奉納品と伝える。

神楽は小野田神楽とも言い、小神楽（一番舞）、おしまわし（小神楽を簡略した舞）、鬼神の三演目。明治四十一年（一九〇八）には将軍、句ふし、磐石、神師、魂との、扇の手、振り上げ、繰卸、伊勢神楽、手力雄があったが廃れ、終戦後比木から習った。

祭り当日は十時に神事を斎行し神楽三番を奉納する。

②迫野内神社の神楽

東郷町迫野内神社の祭神は天照大御神。祭礼日は十一月第二土日、創建不詳。古くは若宮大明神と称し、明治四年に他の神社を合祀して迫野内神社と改称した。

昔から比木神楽だった。昭和五十二年（一九七七）越表の田中利吉氏が一か月ほど迫野内に滞在して比木神楽を教えた。成果披露の意味もあり三回比木に行って神楽を奉納した。

御神楽、鬼神、振上げ、手力の四演目を伝承したが、振上げと手力は絶えた。

③越表神社の神楽

東郷町越表神社の祭神は菅原道真。祭礼日は十一月第三土日。

百済王族伝説の師走祭りで古くから比木神楽が伝わっていたが廃れ、昭和二十二、二十三年田中利吉氏が比木に出向き、椎茸の種駒打ちその他農業の加勢しながら滞在、神楽を習った。帰ってきた田中氏から現在神楽の顧問となっている海野二三夫氏などが習い、四〇年ほど前青年会が田中氏から習った。演じられる演目は弓将軍、振上げ、鬼神、磐石、大神の五番。

神楽に舞順はなく最後に磐石を演じ笑いをとって終わる。祭り当日は午前中天神社で神輿に神を迎え、中水流や児洗など三地区のお里まわりをする。地区では道中神楽（一番神楽を略したもの）を奉納、帰ってきて夕方六時半ごろから神事、神楽を奉納する。伝承者となる小学生が地区内にいなく将来神楽が絶えることは必至という。

2　坪谷神楽

東郷町坪谷神社の祭神は菅原道真、創建不詳。天正六年（一五七八）大友宗麟の兵乱に遭い一切を焼失し、一時廃社となるが日高蔵人丞が再興した。天満大自在天神社天満宮と称したが明治初年坪谷神社と改称した。祭礼日は十一月二十五日の夕方六時から真夜中十二時まで、神社境内で神楽を奉納する。

落葉広葉樹の柴垣　2019.11.16

坪谷にはもともと地神楽があったようだが、師走祭りの関係で比木神楽の影響を強く受け、その神楽も明治三十八年（一九〇五）ごろに絶えた。昭和四十三年矢野正史、矢野哲郎、海野洋文、寺原勝の四氏が越表に行き田中利吉氏から神楽を習った。昭和四十八年保存会を結成、南郷神門神楽の祝子を呼んだり比木や神門のビデオを見たりして練習し、平成十一年は御神楽、将軍、磐石、手力雄、戸開であったが、今は一一番を演舞できる。

明治三十五年（一九〇二）の『社寺由緒調』に日高家系図旧記

という文書があり、それに「祭礼之事、天神祭礼毎年十一月二十五日神楽御座候、元禄十四巳年四月」の記載がある。元禄十四年（一七〇一）四月の記述に毎年十一月二十五日天神社の祭礼に神楽があったということである。坪谷では江戸中期には神楽奉納があったが、比木神楽であったか否かは不明である。令和元年は十一月十六日坪谷神楽が斎行された。御神屋《みこや》は二・五間×三間の広さ、柴垣作りは坪谷一〇地区が順番で作る。

一番神楽　2019.11.16

一番　一番神楽（お立ち神楽）　八分二〇秒

二人舞　烏帽子を被り白狩衣と白袴を着ける。採物は鈴・扇子。

二人が並列で正面に向かい両足を広げやや腰を落とし、両手を広げ開扇、鈴で舞い始める。正面に移り下座を向いて、鈴を振り腰を落とす。左手は閉扇。二人は相対して横、前、後に動き舞う。再び開扇、扇を中指と人差し指で維持し扇は手の甲にのせる。

二番　花の手　一七分

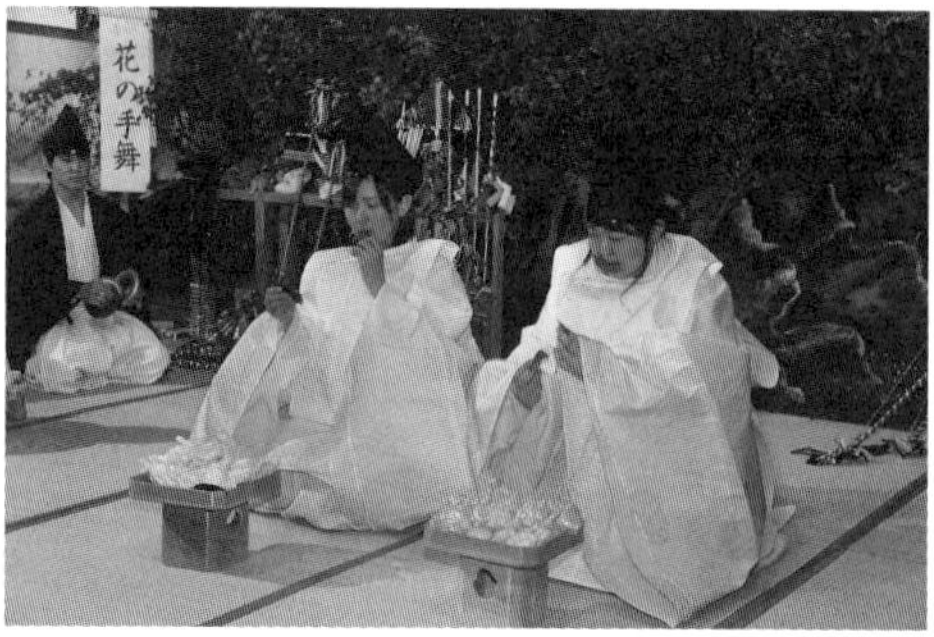

花の手　2019.11.16

二人舞　衣装・採物は一番神楽と同じ。

二人は横並びとなり、両足を広げ腰を落として、開扇、鈴を脇腹におき舞い始める。正面、下手、左右と位置をかえて舞い、途中から閉扇、鈴を持ち腕を大きく回して袖を腕に巻き、解いて舞う。一番舞と芸態は同じ。

後半、餅と柴を盛った三宝二つが御神屋中央に出され、舞手は柴葉を唇にくわえ、人差し指と中指に挟んで舞う。三方の前に座り柴葉を後ろに放る。再び柴葉を唇と指に保ち舞い、三宝前に座して放る。これを繰り返し餅を四方に撒いて舞い終わる。

三番　振揚舞　一七分

一人舞　エボシ（切り紙笠）を被り、白衣に白袴を着ける。タスキ、刀二本。

振揚舞　2019.11.16

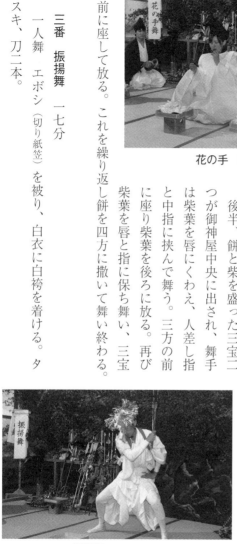

綱取鬼神舞　2019.11.16

赤の片タスキで登場、三宝の刀の刃を和紙で丁寧に拭き取った後、両タスキとなる。袴脇を帯に挟み裾をたくし上げる。大きく左右に踏み出し、右手を大きく水平に振って方向をかえ、御神屋を一周する。次に刀一振りを持つ。足踏みは前と同じ。刀を横に振り方向をかえ、上座に位置し身体を左右に大きく揺らし、刀を身体正面で回す。下座で同じ所作を繰り返す。次に刀二振りを持ち両手で刃を交差させ、終わって上座で回す。次に刀二本を重ねる、切っ先を持つ、刃を持つなどで舞い、最後は逆手から順手で刀を持ち舞い納める。

四番　綱取鬼神舞　一〇分

三人舞（獅子二頭、鬼神一人）　獅子舞と連結舞。鬼神は面帽子を被り赤面を着ける。白衣に赤千早、金襴袴を着用する。鬼神杖を持つ。獅子頭、緑色の獅子衣装。

床を這う姿勢で二頭は首を左右に振り、咬む所作をしながら御神屋を右回りにまわる。正面から下座に向かって同様の所作、さらに対角や左右から向かい合って首振りや咬む所作を披露する。途中から鬼神が舞い込み、獅子は御神屋脇に控える。鬼神が一通り舞うと二頭の獅子が御神屋に入り、鬼神が持つ鬼神杖をくわえ、鬼神と押し引きの「平押し」をする。平押しを再度行い、後半、鬼神の腿や腰を咬み、鬼神は獅子の首筋をつかみ御神屋外に追い出す。

獅子は観客の延命息災を願い、人々の頭を咬んでまわる。鬼神は獅子を追い出すと少し舞って舞い納める。

将軍舞　2019.11.16

五番　将軍舞　一七分

二人舞　面帽子を被り白衣に白袴を着用。袴は裾を絞る。赤タスキ。採物は弓矢、鈴、背に矢二本、腰に刀を帯びる。

二人が並列で弓と鈴で舞い始め、次に対角で舞う。再び二人は横に位置し足を後ろに跳ね上げ軽快な足取りで舞う。向い合って跳びはね、位置をかえ同じ動作を繰り返す。次に弓二張りを重ね、横並びで持ち舞い、各々が弓を持ち御神屋中央で軽快に舞う。次に向かい合って重ねた弓を持ち舞う。弓に矢をつがえ下に、上に向け舞う。

次に矢二本を持ち一本は手先で回し他は脇にはさみ舞う。採物は変わるが足踏みなどの所作は同じである。

六番　太神舞（かんなぎ）　一一分一八秒

一人舞　烏帽子を被り白女面を着ける。緋狩衣、白袴を着用する。長い柄の幣を持つ。

幣を担ぎ閉扇で舞い出す。ゆっくりした足取り、一歩踏み出すと同時に上体を少し落とし、すぐに上げて御神屋を右回りにまわる。幣を置き袖を腕に巻き、左手斜め上、右手斜め下にして御神屋をまわり、途中から袖を巻いた右手を上、左手を斜め下にして左回りする。最後にもう一度左手を上、右手を斜め下にして御神屋を右回りして舞い納める。

太神舞　2019.11.16

七番　鬼神舞　一九分

一人舞　面帽子に赤毛頭を着け、白衣に赤金襴千早、青金襴袴を着用。腰に幣二本を挿す。

鬼神杖を前方斜め下に突き出し、大きく踏み出し腰を落とし、時に杖先で突く動作を交えて

鬼神舞　2019.11.16

舞い、この所作を繰り返す。身体の前に杖を立て両手を乗せ、上体を大きく揺らす。右手の杖を腰に、左手を斜め上にして御神屋をまわる。

烏帽子に白衣白袴、素面の二人が閉扇を肩に、鈴を振りながら舞い込み正面に立つ。鬼神は二人の肩に杖先を当て一方を回す。二人は退場。鬼神は開扇、杖を腰におき舞う。

鬼神「立ち帰り、立ち帰り、またもみまくも欲しきかな」と歌う。

素面の二人再度登場して鬼神と押す、引くの「平押し」をする。二人の舞い込みは都合四回ある。鬼神は観客から乳飲み子を受け取り、健やかな成長を願って高く抱き上げ、返して舞い納める。

手力雄舞　2019.11.16

八番　手力雄舞　一八分

一人舞　天冠に黒毛頭、白面を着ける。青の狩衣、白袴を着ける。鈴とV字形にした幣二本を持ち、これを交互に高く掲げて舞い始める。鈴と幣を両肩に、上体を右に左に大きく動かして舞う。鈴と幣は二つを右肩に、次に腰に置き舞う。

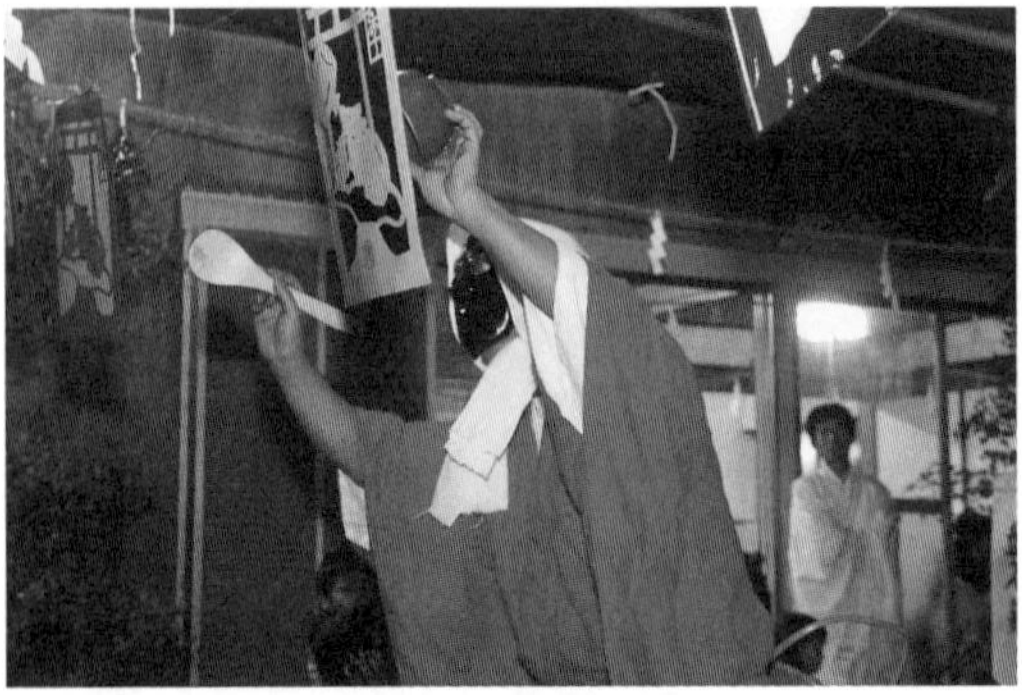

磐　石　2019.11.16

九番　磐　石（メゴメ）　一八分

一人舞　黒面を着け白布の頬かむりをする。赤衣装に白袴。採物はメゴ（竹籠）と幣、鈴。

腰にメゴを付け、鈴と幣を持って舞い、止まって両足を広げ腰を折って、激しく前後に動かしメゴを揺らす。小学校高学年男児が飛入り磐石の舞を真似る。

メシゲ（杓文字）と椀を出し観客に飯を食わせる所作をし、観客も飯を食う仕種をして応える。後半は男根を股間に添え、衣装の裾で隠し観客には男根をイメージさせる。「ホーホッホ、ホホホ――」と奇声をあげ、笑いをとる言葉を言う。

十番　戸開雄舞　一五分

一人舞　白面、髭が胸元まで下がる。白衣に白袴を着け、赤のタスキを掛ける。採物は杖。杖を持ち舞う。手力雄舞に似る。

「戸開の神とは、戸開の神とは我れ権現なり。いざや戸開の明神とまします。天の岩戸を取りて引き開き、四方の世上に拝ませ申さむ」と唱える。一通り舞い終わって杖を置き、上座に進み素手で舞う。終盤は岩戸を重々しく持ち上げ右側に置き、続いてもう一つも開いて終わる。

戸開雄舞　2019.11.16

3　神門神楽

神門神社は美郷町南郷字神門に鎮座。祭神は大山祇命、品陀和気命、禎嘉王他。創建は養老二年（七一八）。宝物に古鏡三三面、板絵著色観音菩薩御正体（県指定有形文化財）を有する。

師走祭り二日目の令和元年一月十九日、美郷町神門神社舞殿で夜神楽が奉納された。御神屋に畳四〇枚を敷き、両脇に囲炉裏を配置するなど比木神楽の神庭と同じ。演目や舞い方も比木

一番舞　2019.1.19

と同じ、因《ちな》みに太鼓と笛の奏楽はすべて比木神楽楽人が務めた。

一番　一番舞

二人舞　烏帽子を被り薄紫の狩衣、白袴を着ける。採物は鈴と扇子。

正面に進み中腰となり両手を開き、太鼓に合わせて大股で五、六歩後退し、小刻みな足踏みで方向をかえ、両足を大きく開き、腰を深く落とす。この所作を繰り返す。優雅で気品に溢れた舞である。

二番　花の手

二人舞　五色の面帽子（切紙笠）を被り、白素襖、白袴を着用する。採物は鈴と扇子。

右手に鈴、左手に扇子を携えて舞い、次に御神屋に榊葉・饌供《せんぐ》を供えた三宝前に座し、榊葉を唇、人差し指と中指で挟み、立って御神屋を巡り、再び座し、唇と指の榊葉を合わせてちぎ

花の手　2019.1.19

り、後方に放る。最後に空になった三方を持ち舞い納める。

三番　振上げ

一人舞　面帽子を被り、白衣に白袴を着用する。黄タスキ。

初め抜身の太刀一振を持って舞い、次に太刀二本を両手に持ち胸前で激しく回す。最後は抜身中央刃の部分を、さらに切っ先を持って舞う。

四番　将軍舞

二人舞　面帽子を被る。白衣に濃紺の裾を絞った袴を着用する。背に矢を負う。

初め左手に弓、右手に鈴を持って舞い、次に二人は並列と

振上げ　2019.1.19

将軍舞　2019.1.19

なり二人の弓を重ねて舞う。弓に矢をつがえて、前に後ろに、右に左に向き射る所作で舞い、最後に矢二本を持って舞う。足踏みは軽快、時に高く跳ぶなど激しい動きの演目である。

五番　鬼　神

三人舞　面帽子、赤鬼面を被り、白衣に朱の金襴千早、同幅広袴を着用する。鬼神杖、腰に幣二本を挿す。

右手に鬼神杖を持ち左手に扇子を携えて舞う。舞の途中から面帽子に白衣、白袴を着た舞手二人が鈴と扇を持ち舞い込む。鬼神は二人の肩に杖をあて押す、二人が押し返す所作を行う。

後半、幼児を抱き健やかな成育を願う。最後は鬼神の一人舞で舞い納める。

鬼　神　2019.1.19

伊勢舞　2019.1.19

六番　伊勢舞

一人舞（女）。烏帽子を被り、薄青の狩衣、白袴を着用する。左手に幣二本右手に鈴を持ち、静かに優雅に舞う。

七番　練り舞

一人舞　飛入りの着面多数が参加。黒面を着け赤布で頬かむり、赤衣に白袴を着用。

幣と鈴を持った着面の舞手を先頭に、上半身裸に面を被った、演舞を希望した若者一〇人ほどが前の舞手の帯を握り列となって舞い込む。

先頭が幣を右、左と振り、次の舞手はその逆、次はその逆に幣を振りながら御神屋を左回りにまわる。先頭が

練り舞　2019.1.19

倒れると続く舞手もすべて倒れ込む。

面帽子に白衣、白袴姿の鈴と弓を持つ舞手二人が登場、二人は倒れた若者たちの脇や尻、股間を弓先でくすぐる。倒れた方は足をバタつかせたり声を押し殺したりして耐える。起き上って再度列となり御神屋を練る、倒れるなどを繰り返して終わる。

寿　舞　2019.1.19

八番　寿　舞

一人舞　烏帽子に白翁面を着け、手拭いで頬かむりする。白衣に薄黄の袖をたくしあげた素襖、白袴を着用する。腰に御幣一本を挿す。
控え舞手に背負われて登場。御神屋中央でしゃがむ、立ち上がるなどの動作、舞い位置はほとんど変わらない。翁が倒れ控え舞手が出て起こすが反対側に倒れる。これを数回繰り返す。舞い終わると背負われて退場する。

九番　磐　石

狩衣、白袴を両人とも着用する。
鈴と開扇を持ち舞う。

磐　石　2019.1.19

一人舞　黒茶の面を被り赤布で頬かむり、赤着物、白袴を着用する。

腰にテゴ（竹籠）を下げ、初め左手に幣、右手に鈴を持って歩き、歩を止め中腰になり腰を前後の激しく動かす。これを観客前でたびたび繰り返す。

そのうちに腰に下げたテゴの中から椀とシャモジを取り出し、面白い問答を交わしながら可笑しな所作を加えで笑いをとる。次に擂粉木《すりこぎ》を取りだして問答や腰を激しく振る所作を続けて観客を笑わせる。擂粉木は男根を表し増産と生殖を祈念する。

十番　子供神楽

二人舞　烏帽子を被り、一人は薄紫の狩衣、他は紺の

振り下し　2019.01.19

十一番　振り下し（繰卸）

六人舞　面帽子を被り、白衣、白袴を着用する。

正面に向かって二列縦隊となり、右手に鈴、左手閉扇で舞い始め、途中から開扇となる。注連柱から延びた開扇とシデがついた縄を持ち、それを高く上げ下座や上座に進む。列を入れ替えるなど位置をかえて舞い、最後は強く引き注連柱から縄を外し舞い納める。この演目は高鍋神楽、比木神楽では繰卸という。

十二番　神送り

二人舞　面帽子、白衣に白袴を着用する。右手に鈴左手に開扇を持って舞う。

※1『師走祭　日向国　南郷・神門神社
木城・比木神社』南郷村教育委員会

第四章　比木神楽以外の高鍋神楽

一　新富町三納代神楽

1　三納代八幡・富田八幡両神社の神楽

三納代《みなしろ》は鬼付女《きづくめ》川下流域に位置し新納七郷の一つ。高鍋藩。『宇佐大鏡』に富田庄八〇町が宇佐神宮領に属するとあり、三納代八幡神社は宇佐八幡宮（大分県）の分神として現在の地に奉建された。祭神は仲哀天皇、応神天皇、神功皇后、創建は永承元年（一〇四六）。三納代神楽は八幡神社に伝承する。

神楽の由来は不明。昭和六十一年「富田神楽記」を著した壱岐家春氏（当時六十歳代）は十代の終わりごろ三納代から神楽を習った。三納代神楽の後継者が少なくなり危機となったとき、当時宮崎八幡神社の神職だった壱岐家春氏に師事、佐土原の自宅まで習いに通った。また当時神楽長だった黒木実氏からも習った。壱岐氏と黒木氏は同級生で遠慮がなく舞方で意見が対立することがあったが、習う側は良いと思う方を取り入れたので、三納代神楽は富田神楽と混ざり合った神楽になった。

高鍋神楽にない演目「大神神楽（神武神楽）」や「綱切」は富田神楽から取り入れた。新富町富田や新田は佐土原藩、新田神楽や巨田神楽などには「神武神楽」や「綱切（蛇切）」が伝承する。「かんなぎ」を「中の手」というのも宮崎市域の神楽の影響を受けている。

三納代神楽の特徴は「大神神楽」など問答や神歌を確実に唱えること、「将軍」など高く跳ぶ所作を大切にしていることである。

三納代神楽は現在一番神楽、華舞（花の手）、中の手（かんなぎ）、鬼神、将軍、御柴荒神、問神主、磐石、大神神楽（神武神楽）、四人舞、中央（地割）、壱人舞、岩通し、帯舞、神師、綱切、伊勢神楽、手力、戸開、神送神楽の二〇演目を演じることができるが、高鍋神楽六社連合が寄り合って奉納する取り決めから、三納代だけで二〇番を演舞する機会はないという。今回、八幡神社春秋の祭礼や六社連合神事で奉納された演目から記述する。

2　演目

一番神楽

伶人二人の舞　烏帽子を被り白狩衣に白袴を着ける。採物は鈴と表裏金銀扇。

礼拝を済ませ鈴と扇を持って座する。太鼓方の、

「千早振る神に再拝いやなすときは、ぶんりずいしやく新たこれなり、伊勢国熊野は神の親

一番神楽　春大祭　2020.2.17

なれど、伊勢こそ神のはじめなり。抑々《そもそも》、やんが、ただこうこう、ただこうこう、長門の関とや舞いそめて、千早振る神も舞いぞ舞いせん」

の神歌を聞きながら静かに立ち、閉扇・鈴で舞い始め、少し舞って、舞手の一人が

「霧島の峯より奥の霧晴れて、新たに拝む天の逆鉾、いやんが、我がうじに、我がきくしめ、かねのしめ、黄金のしめは、いやんが、それでまします」

と歌い、もう一人が、

「住吉の沖ゆく舟に帆を上げて、やほかと見ればみしめなりせん、いやんが、この所よし、宮とところよし、東よし、西はたいらで、いやんが、宮とこよし、いやんが、天津神、今ぞ神楽にや、すじょうの願ひを、いやんが、今ぞ神楽に」

と歌う。

途中から開扇・鈴となる。開扇は手の甲に置き人差し指と中指で支え、両足を開き腰を落とす。親指と人差し指、中指で支える開扇となり扇を縦にする。

二人は横並びで上座に向かい数歩進み後退、元の位置に戻ってその場でまわり、背を合わせてしゃがむ姿勢で舞う。次に両手を肩の高さに保ち、鈴を振りながら軽やかな足踏みで両袖を腕に巻き、解き、舞う。手の甲の開扇舞振りは前と同じ、四方を踏む。

【２０２０・２・17　三納代の八幡神社春大祭】

花の手　秋大祭　2019.11.10

花の手

女児四人舞。本来は二人舞。面帽子をかむり、上衣は浦安舞衣装に赤の袴を着る。

太鼓方の

「千早振る神に再拝いやなす時は、ぶんりずいしやく新たこれなり、伊勢国熊野は神の親なれど、伊勢こそ神の始めなり、そもそも」

の神歌で舞い始める。

二人は並列、大股で閉扇と鈴を突き上げ、降ろして、両手を腹に当て一寸と腰を落とす。方向をかえて、前と同じ舞をする。

太鼓方は
「やんが、ただこうこう、長門の関とや舞いそめて、千早振る神も、舞いぞ舞いせん」

と歌い続け、次に鈴と閉扇を両肩に、足踏みはそれまでと同じ。開扇・鈴で舞い納める。

春神幸祭で「花の手」が奉納された。演舞後半、舞手は三宝の柴を唇と人差し指・中指にそれぞれ一葉を挟み、神屋を右回りして三宝の前に座し、唇と両手指の榊葉を千切り後ろに放った。秋大祭では後半を省略した演舞だった。

【2019・11・10　八幡神社秋大祭】

大神神楽（神武神楽）

法者《ほっしゃ》・稲荷山・里人・陰陽らが登場し、岩戸に隠れた天照の出座を祈る演目。法者ら四神が順次祈るが「御納受なく」、神武を呼んでともに祈ってようやく了承を得る。そして神武が太鼓の謂《いわ》れを述べる。


この演目は新田神楽や巨田神楽、穂北神楽、生目神社神楽でも演じられ、かつて宮崎神宮や富田八幡社、広原神社などでも奉納されていたが、今は伝承が途絶えている。

登場する五神が完全に問答を交わすのは三納代神楽だけで貴重な存在である。

法　者　黒毛頭に赤黒い鬼面を付ける。白衣に金襴千早、金襴袴を着ける。

法　者　六社連合神事比木神社　2019.12.7

腰に幣を挿し両手に色幣各一本を持ち登場、神庭を一周し、法者、

「ほのぼのと月のいずるに驚いて、天岩戸に舞楽始まる」

の神歌を歌いながら神庭をまわって、下座の太鼓前に立つ。

「これこうに罷り立ちたる者、如何なる者とや思し召す、吾れこそは通りの法者にて候、住吉のつもりの浦を立ち出でて、今日初めて旅の道、遠ざとや、己が朝露にしおなり衣、はるばると行けば程なく神の道、此処は渚の浜松や風吹き上げの波高く、高天原に着きにける、高天原に着きにける」

「ようよう急ぎ候ほどに高天原に着いて候、しばらくこの処に逗留いたし、稲荷山を招じ奉って、共に岩戸を祈らばやと存じ候、如何に稲荷山やまします、稲荷山やましまします」

と稲荷山を呼ぶ。稲荷山登場。

稲荷山　黒毛頭に天冠、白女面を着ける。薄黄の狩衣に朱の袴を着し、勾玉・管玉の首飾りを帯びる。

閉扇を横にして前に出し、

稲荷山「豊国を何にとみるめの神跡の、印の榊葉まだ見えぬ」

と歌いながら神庭をまわり、

稲荷山「此処は、もとより高天原に神集まりて、謡《うたい》を歌い舞を舞い舞楽なせども、神明いまだ見え給わずして、千早の袖をかんざしつれて、千早の袖をかんざしつれて、伊勢の国にぞ帰りける」

と退場する。

法者「稲荷山を招じ奉って天岩戸を祈り奉れども、神明もいまだ御納上（納受）なく候ほどに、里人を招じ奉って共に岩戸を祈らばやと存じ候、如何に里人やまします、里人やまします」

里人登場。

稲荷山登場　2019.12.9

里人登場し法者と問答する　2019.12.9

里　人　白毛頭に赤黒い翁面を着ける。白衣に薄黄の狩衣（袖を通さない）、薄青の袴を着用する。左手に竹の杖、右手に開扇を持ちよたよたと杖をつきながら出てくる。

里人「しばしこそ、葉山繁山茂るとも、神路の奥に道あるものを、まだ聞きなれぬ神の御声として里人と召され候は、抑々何の子細によって召され候やらん」

と唱えながら法者の前に登場する。

法者「里人を招じ奉るも別な儀にてもなし、通りの法者通りの子巫女《こみこ》を参り、天岩戸を祈り奉れども神明いまだご納上なく候ほどに、里人を招じ奉ってともに岩戸を祈らばやと存じ候、はあて、寿の謂れは候」

里人「いいえ、いいえ、寿が身として知るべき事は候わねど、寿の謂れをあーら粗ら語って聞かせ申さん」

法者「さん候」

法者と里人は向かい合ってしゃがみ込み、里人が寿の謂れを語る。

里人「そもうそもう天神七代の初めには、第一に国常立命《くにとこたちのみこと》、第二には国狭槌命《くにさづちのみこと》、第三には豊国命《とよくにのみこと》、第四には渥土煮《うひじに》沙土煮命《すいじにのみこと》、第五には大戸之道《おおとのじ》大苫邊命《おおとまべのみこと》、第六に面足惶根命《おもたるかしねのみこと》、第七には伊弉諾 命《いざなぎのみこと》伊弉冉命《いざなみのみこと》とや申すらん、

さあて又、地神五代の初めには、第一には天照皇大神命、第二には正勝吾勝勝速日《まさかあかつかちはやび》天之忍穂耳命《あめのおしほみみのみこと》、第三には天津彦彦火瓊瓊杵命《あまつひこひこほのににぎのみこと》、第四には天津彦穂穂手見命《あまつひこほほでみのみこと》、第五には日子波限建鵜葺草葺不合《ひこなぎさたけうがやふきあわせず》の命とや申すらん

さて又、国を初めて造るには豊葦原の中津国とや申すらん、あら面白の日本ぞや、ある夜につけてよく見れば、せきかんがとしていづくしや、大神ここにましませば、諸神はこれを見給うて、大神も諸神も高天原で難策をはじめつつ、いかでか神もようご、ようごと、あらし給わねば、歌いもあえてこの寿は、深山隠れと立ち帰る、深山隠れと立ち帰る」

杖をつき、よたよたとした歩きで申す。

法者「のうのう寿殿、それに御入《おんい》り候や、物申すべきことに候」

里人「なあに、何事によって召され候や」

法者「ああれに見える深山こそ、何の深山と申すげに候」

里人「ああれ、ああれこそは鏡の深山とや申すげに候」

法者「はあて、国はいかに」

法者と里人の問答は続く　2019.12.9

里人「とおよ、豊国とや申すげに候、そなたの神は如何に」

法者「なあに、帝《みかど》の事にてもなし、通りの天女の事なり」

里人「通りの天女とよく聞けば、今に何かを包むべき、うち現れてこの寿は、教たる事あらたなり、大神ここにましませば、諸神はこれを見給うて、大神も諸神も高天原に難策をはじめつつ、いかでか神もようごよごとあらし給はねば歌いもあえて、この寿は岩戸隠れと立ち帰る、岩戸隠れと立ち帰る」

と言いながら立ち去る。

法者「不思議なる寿殿、あれに御入り候らいて、謡いを歌い舞を舞い給えども、神明いまだ御納上なく候ほどに、南天の陰陽を招じ奉って、ともに岩戸を祈らばやと存じ候、如何に陰陽やまします、陰陽やまします」

太鼓の音とともに陰陽登場、入れ替わりに法者退場する。

陰　陽　白毛頭に赤面を着け、白衣に金襴千早、同袴を着用する。腰に二本の幣を挿す。両手に黄幣と青幣一本ずつを持ち、神庭を歩きながら、

陰陽「ほのぼのとさんしを問えばこの里に、月の光も明らかに」

と歌いながら幣を立て、右回りに歩き、

陰陽「通りの法者、通りの子巫女、茂山の寿、南天の陰陽を参り、天岩戸を祈り奉れども、神明未だ御納上なく候程に、神武を招じ奉って共に岩戸を祈らばやと存じ候、如何に神武やまします、神武やまします」

太鼓を背負った神武が登場。

陰陽は神武を呼び出す　2019.12.9

神　武　面帽子を被り赤黒い面を着ける。白衣に赤系千早を羽織り、青の裁着袴を着す。逆三角形の枠に三つ巴模様の太鼓を背負う。手に撥《ばち》を持つ。

神庭を一まわりし陰陽の脇に並び立つ。

神武「神風や五十鈴の川の宮柱、ちとせんまでとぞ、祝

陰陽と神武問答する　2019.12.9

いそめける」

と歌いながら正面に進み、黒子（控えの若手伶人）に太鼓を渡す。

神武「第六代には二つの命、天神七代、地神五代、末代の衆生に縁を求めん、その為に熊野三社大権現と現れ出で給う事もかたじけなや、参宮におん戸開き、やびらきの声として神武と召され候は、そも何の子細によって召され候やらん」

陰陽「ああれ、あれ御覧候らいや、天照大神《てんしょうだいじん》は世をむさぼり、天岩戸を閉じ給うによって日月の光も失せ、せんそ万物もしょうじょう得難し、神もありがたし、また人間も住み難ければ、通りの法者、通りの子巫女、繁山の寿、南天の陰陽参り、天岩戸を祈り奉れば、神明も早ご受け御納上と見えて候程に、神武を招じ奉って喜びの御神楽を奏し囃《ばや》さばやと存じ候、かあの太鼓のいわれは候」

神武「かあの太鼓の謂れとや、かあの太鼓の謂れなら、ああら粗ら語って聞かせ申さん。山

バチを持って舞う神武　2019.12.9

水に苔むすとは言えど、我等が久しく持って打ったる太鼓にて、かあの太鼓を打っては、ゆうやの神も勇み、花のもとにきたっては、眺めん為に夜もすがら帰らん事をもうちも寝ずしてうち忘れ、御戸に籠りましますかんざしや、神より温情なし申さんが為に、一切の諸神、諸大明神」

　と唱うなか、撥を両手に軽快に動く。太鼓は下手に移動し、また上座に戻る。

【２０１９・12・７　比木神社単独神楽】

鬼神

一人舞　赤鬼面、黒毛頭を着ける。白衣に金襴千早を羽織り袴を着る。朱帯、鬼神杖に鈴を持つ。

鬼神　秋大祭　2019.11.10

右手に杖、左手は素手で舞い、鬼神杖を腹に当て先端を前に出す。両手を交互に大きく振り、次に両手で杖を頭上に持ち進む。座して頭を大きく後方へ振り、素早く前に突き出して見栄をきる格好、このとき上体も同様に大きく動かす。この所作随所にあり。

素面の二人が開扇、鈴振りで舞い込み、下座に並ぶ二人に鬼神が寄ってきて、押す引くの所作で舞う。二人は再度舞い込み上座に位置し三人で舞う。

【2019・11・10　八幡神社秋大祭】

かんなぎ　春大祭　2020.2.17

かんなぎ

一人舞　白女面、天冠、黒毛頭、黄茶の狩衣、赤袴、勾玉や管玉の首飾り、五色のシデを付けた長柄大幣。

長柄大幣を肩に、閉扇を肩の高さに保って前に出し、ゆるやかな足踏みで右回りする。さらに左回りとなり、下座に向かって舞う。

「みて御覧か、みて御覧か、たがたてそめしみて御覧か」の神歌。幣を前に出し、

「あららぎの、あららぎの、さとより吹くか松風か」

と歌う。
幣を立て大股で後退、幣を肩に閉扇で右回り、途中から開扇、右手は袖を巻き肩に、解いて両手で幣を持ち、さらに両手素手、右手は袖を巻き肩へ、右回り左回りなどの所作で舞う。優雅な舞。
【2020・2・17　八幡神社春大祭】

荒　神　六社連合神事比木神社　2018.12.1

荒神

一人舞　赤面、黒毛頭を着ける。青鉢巻。白衣に朱の千早を羽織り金襴袴を着す。腰に幣を二本挿す。

身体を床に伏せて舞い始め、杖先を腹部に当て前に突き出し、右足を少し前に出し爪先で調子をとる。調子に合わせて首を振り、顔を突き出し見栄切りして、しゃがむ。足を上げて踏みだす動きを繰り返す。頭上で杖を回し、両手を交互に振って、その後神庭中央を激しい動きで舞い上げ、太鼓に座って伊勢神楽舞手（神主）と問答する。

神主「伊勢の神熊野は神の親なれど　伊勢こそ神の始めなり

荒　神　夏祭り　2019.7.27

霧島の峯より奥の霧晴れて　あらたに拝む天の逆鉾
住吉の沖行く舟に帆をあげて　やほかと見ればみしめなりせん
再拝再拝謹み申しおどろかし奉る。」
「抑々、神前を清むる時は、天も清浄地も清浄人も清浄、三さい共に清浄なればこそ、三界に妨げなき三界妨げなければこそ、三世に障りなければこそ、三世の諸願必ず成就するとこそ。」
「抑々、天津神国津神八百万神たち残りなく、別しては当神八幡大神の大広前に厄神の神を勧請し、大の御神楽を祈る処の意思は、当神八幡神社（大神事の六ヶ町村）の氏子男女共、息災延命、家内安全渡らせ給い、別しては牛馬安全、作徳円満、商売繁昌、大漁満足に、夜の守り書の守りを守り幸い給えとこそ、畏《かしこ》み畏み恐《つつし》み恐みも祈る半ばに浮きいでまします。御神明こそなあれ、御託宣ましませや、聴聞仕《つかまつ》り度《た》く存じ候、敬い奉る。」
荒神「抑々、我はこれ三界に折伏す三宝三世大荒神なり。我が三宝とは天げん地げん人げん三げん三行三妙の根源なり。かるが故に我が神明のみあらかに叶い神霊を現す三宝大荒神となって出現するものなり。汝ことのいわれを早々に申せきかん、かくの如く。」

神主「誠にいづれいづれの御神明かと深く考えます所に、只今の御託宣を承りまして、祭主も驚き入りましてござる。かの処に御神楽を献納仕りますも、三宝大荒神を真っ先に祭り納めましてこそ、御神楽を献納仕まります所に、浮き出でましますや、いかさま御叡覧にて浮き出でましましたかでござる。」

荒神と神主の問答はつづく
六社連合比木神社　2018.12.1

荒神「殊勝に祭主、我現前この神殿に出現するも、かの処に御柴を取り飾り御注連を引き張り、幣帛を取り飾り、大の御神楽をそうたい致せるによって出現してこれあり。かの御神楽の儀は如何様に心得申うさるか、心得のとおり広め申うさり。」

神主「誠に無学なる祭主の儀に御座りますれば、何卒御神明のお示しを聴聞仕りまして祭主も得心仕奉り度く御座る。」

荒神「先ず以て祭主此の神殿に罷り立って、心得んとはいつわり、祭主まえより広め申さり。」
神主「誠に左様ございましょうなら、伝え承わりましたを、一筋あらあら広め仕奉るでござる。」
荒神「もとの儀。」
神主「神楽の起りは神代の巻に曰く、天照大神素戔嗚命にねたまわれ、天の岩戸に入り籠り給う時、天が下国常闇にして夜昼の明を知らず、然るによって八百万神たち神集いに集い給い、太祝詞ごとの大御神楽を奏し給えば、大神これを聞こしめされ、御扉を密かに開き給う時、天の下清く潔く晴天白日となり諸願成就する。然れば即ち諸願を捧ぐる時は、御神楽を献納仕りますかと先ず祭主心得ますでござる。」
荒神「よく心得申さりてこれあり。然しかの御神楽は無明の災難を祓い、貧賤万病を除く然れば即ち寿命百福を得させ給う、先ずかように心得申さり。」
神主「誠に思し召しを聴聞仕りまして、祭主も基ずきまして御座る。ごそうきょうの為、まあ一しゅ敬い奉りますから、のちのちには御柴御納受願ひ奉ります。」
荒神「やあ祭主御柴とあるは、まだはるばる最善の修行に無上礼宝神道加持を以て神を祭ると申されたが、無上礼宝とは如何様に心得申さるか、心得も通り広め申さり。」
神主「誠に無上礼宝とは高天原の存候《ぞんじそうろう》にて、上もなく正直なるを無上と云ふ。礼とは諸神有情非情のせいれいの義なり。宝とは神明をそうじて十種の神宝と心得ますで御座る。」
荒神「よく心得申さりてこれあり。然し神道の三元三行三妙とは、如何様に心得申さるか、
心得の通り広め申さり。」
神主「誠に返すがえすの御不心とござりますれば、尚々祭主も当惑仕りましてござる。何卒
御神明のお示しを聴聞仕りまして祭主も得心仕りとうござる。」
荒神「殊勝に祭主至らんとあらば、指し示す三間とは天間地間人間なり。三行とは天のご行、
地のご行、人のご行なり。三妙とは人力妙人通妙人勉妙なり。人力妙の感ずる処を人通妙
という。人勉妙とは諸願成就するなり。まず斯様に心得申さり。」
神主「誠にご示しを聴聞仕りまして、祭主も基づきまして御座る。ごそうきょうの為にまあ
一しゅ敬い奉りますかうもうには、御柴御納受願ひ奉ります。」
荒神「ずいぶん以て敬ひ申さり。敬ひによっては納受する儀もある。敬によっては此の神殿
を破却する議もある。ずいぶんを以て敬ひ申さり。」
神主「抑々、天津祝詞と太祝詞を唱え、かくのらば天津罪という罪、科《とが》という科はあらじも
のをと、祓い給え浄め給えとこそ敬ひ奉る。」
荒神「よく敬ひ申されてこれあり。然し乍ら我現前も託宣して納受、そもそも神と云っぱ無
神の神無双の双、或いは善をなす時は福を得る、悪をなす時は禍をなす、善悪不二邪正一

妙、然るによって祭りする時はわが神明をよく招ずるものなり。もうには御柴さしゆるす。」

【2018・12・1　六社連合神事比木神社】

宝　剣（地割）

四人舞　五色面帽子を被り、白素襖に白袴を着用する。採物は刀、鈴。

抜身の刀を立てて前に出し、鈴を振る四人が片膝立ちから立ち上がって前に進み、まわって下座に向きをかえ同じ舞で進む。途中から軽快な調子となり足取り軽やかに進む。刀を立てた左手、鈴の右手を肩の高さで開き、閉じる舞をする。次に四人は円陣となり、右回り左回りで進みながら舞って四人は内を向く。

神主（中央）は向かい合う四人の中央に位置し、東・西・南・北の舞手と問答する。

中央「抑々、天地ひらき、始まりしよりこのかた、かのどにおいて、しんら相い戦うといえども、じんぐうさんかんのことごとく治め給ひしよりこのかた、天下泰平国土安穏五穀成就のところ、よもに神ありましますことは、はなはだもって、ふしんは如何に、先ずこれより東方に出現ましします、ご神明のご託宣はいかに。」

東方「抑々、東方と一ぱ、甲乙《きのえきのと》のきほうなり、この方には六万六千六百六拾六神のみさきあり、かのみさきの中に、あくまのみさきをふきよふらいのその為に、あめあわせむすびの

宝　剣（上中下3枚とも）
いずれも六社連合神事比木神社　2018.12.1

命と現じ、宝剣おりし、寅卯《とらう》（東北東）を守護するところなれば、この方には悪魔はきたらん。」

中央「只今東方の由来は承って候が、これより南方に出現まします、御神明のご託宣は如何に。」

宝　剣　神主と４人の問答
六社連合神事比木神社　2018.12.1

南方「抑々、南方と一ぱ、丙丁《ひのえひのと》のきほうなり、この方には七万七千七百七拾七神のみさきあり、かのみさきの中に、悪魔のみさきをふきよふらいのその為に、あめやをひむすびの命と現じ、宝剣おりし、巳《み》午《うま》（南南東）を守護するところなれば、この方には悪魔はきたらん。」

中央「只今南方の由来は承って候が、これより西方に出現まします、御神明のご託宣はいかに。」

西方「抑々、西方と一ぱ、庚辛《かのえかのと》のきほうなり、この方には八万八千八百八拾八神のみさきあり、かのみさきの中に、悪魔のみさきをふきよふらいのその為に、あめやすよろずむすびの命と現じ、宝剣おりし、申《さる》酉《とり》（西南西）を守護するところなれば、この方には悪魔はきたらん。」

中央「只今西方の由来は承って候が、これより北方に出現まします、御神明のご託宣はいかに。」

北方「抑々、北方と一ぱ、壬《みずのえ》癸《みずのと》のきほうなり、この方には九万九千九百九拾九神のみさきあり、かのみさきの中に悪魔のみさきをふきよふらいのその為に、あめみくだりむすびの命と現じ、宝剣おりし、亥《ゐ》子《ね》（北北西）を守護するところなれば、この方には悪魔はきたらん。」

東方「只今四方守護の由来は承って候が、これより中央に出現ましますご御神明のご託宣は如何に。」

中央「抑々、中央と一ぱ、戊《つちのえ》己《つちのと》のきほうなり、この方には拾万壱千のみさきあり、かのみさきの中に悪魔のみさきをふきよふらいのその為に、あめやくだりむすびの命と現じ、宝剣おりし、幣帛をおりし、丑《うし》未《ひつじ》辰《たつ》戌《いぬ》を守護するところなれば、この方には悪魔はきたらん。」

東方「只今中央の由来は承って候が、これより天は如何に。」

中央「抑々、かの天と一ぱ、三十三天なり、中にも天御中主の守護の後なれば、この方に悪魔はきたらん。」

東方「只今天の由来は承って候が、かの大地は如何に。」

中央「抑々、かの大地と一ぱ、天道地神、地の守護の後なれば、この方に悪魔はきたらん。」

東方「只今天地の由来は承って候が、五龍王は如何に。」

中央「抑々、高天原にかみづまります、神漏岐《かむろき》神漏美《かむろみ》の命をもちて、拾万壱千五百七拾余じん、ちんこう壱万壱千五百七拾余じん、ふるいの神たち、九億七万三千壱百八拾余じん、もろともにさおしかの、八つのおん耳ふりたてて、きこしめせと畏み畏みも申す。」
【2018・12・1　六社連合神事比木神社】

岩通し　六社連合神事八坂神社　2014.1.11

岩通し　六社連合神事比木神社　2018.12.1

岩通し

三人舞　五色面帽子、白衣と白袴を着ける。タスキ、採物は抜身刀、鈴。特別に親子孫三代で演舞するとの説明あり。子どもは面帽子、白衣、赤裁着袴、杖、鈴。

子どもを中心に並列となり正面を向き、抜身を立てた左手を前に出し鈴を振りながら上座に進み、後退する。位置をかえ左から中央へ進み、後退。神屋を一周し下座に向いて舞い、腰を落とす。この動きで四方を踏む。

三人が向かい合い刀、杖を持って輪となる。腕を上下に振り、足は軽やかな足踏み、調子を速めて、抜身刀の下を三人が潜る「岩潜り」を続けて三回行う。

岩潜りは方向をかえて行う。三人は横に並び両端の大人が差し出す刀の切っ先を子どもが握り、中央に進んで退くとき中央の子どもが後転する。これを「岩通し」といい四方を踏む。

【２０１４・１・11　六社連合神事八坂神社】

帯　舞

三人舞　五色の面帽子を被り、白衣に茶の裁着袴を着用する。採物は帯。

長さ三メートルほどの紫帯を二つに折り、両手に持って横に開く、縦にするなどして舞う。

【２０１７・１・15　六社連合神事八幡神社】

帯　舞　六社連合神事八幡神社　2017.1.15

神　師　秋大祭　2019.11.10

神　師

子ども四人舞　五色面帽子を被り、白衣に赤、薄黄の裁着袴を着ける。

鈴と幣を振り大股で進み、方向をかえて舞い続ける。次に軽やかな足取りで上座に、前進、後退しその場でまわる。

太鼓方「振り立つる振り立つる、五十鈴の音に神さえて、
　人の為こそ人の為なり」

の神歌を歌う。

四人は右回りに進み、両手を開き、前と同じ舞振りで進み、片膝を立て別の足を斜めに伸ばし鈴を振る。

太鼓方「弓も矢も、弓も矢も、国も処もおさまりて、なほ静かなる、このところかな」

【2019・11・10　八幡神社秋大祭】

と歌う。

綱　切

一人舞　赤面、長い黒毛頭を着ける。白鉢巻。白衣、幅広袴、裁着袴、橙色帯。

綱　切　六社連合神事八幡神社　2017.1.15

神屋に長さ七、八メートルの太藁縄をX字形に置く。舞手は藁縄間に伏せ、挿した刀を左手、右手に杖を持ち、やおら頭を上げ左右に振り、膝立てで上体を起こし、両足立ちとなる。上体は太鼓に合わせ左右に揺らし杖を大きく振る。

大縄を跨ぎながら杖で縄を叩く動作を繰り返しX状の縄中心部を一周する。神屋両側に縄を直線的に並べる。舞の途中で裁着袴に着替える。

舞手は神屋中央に位置し、軽快な足取りで右回り左回り、前、後ろと動き、中央に伏せる。

「弓も矢も、国も処も治まりて」の神歌を歌う。立ち上がって刀を上段に構え、調子よい駆け足で神屋をまわる。

若手神職らが縄の両端を一メートルくらいの高さに保ち両方に引く。舞手は上段構え駆け足で縄中央に近づき、一旦横向きで足踏みし直って一刀で切断する。もう一つの縄も同様の動きで切断する。

【2017・1・15・六社連合神事八幡神社】

伊勢神楽

伊勢神楽　六社連合神事比木神社　2018.12.1

一人舞　烏帽子を被り、薄青の狩衣に白袴を着用する。鈴、和串（祓幣に似る笏）を持ち礼拝。

和串と鈴を持つ両手を交互に上げ、大股で右にまわって歩を止め両足広げ三回腰を落とす。この舞を繰り返す。舞の中で動きを一時止め、

神主「第一に大日孁貴と申し奉るは、光麗しく国の内を照り通し給う、かるがゆえに高天原をしろしめす（お治めになる）」

と歌い、次に右回りで半周、正面に進み、後退して、

「第二に月読命はしをのやほえを授け給う、また、高天原に送り給う」

「第三に蛭子命はすでに三年になるまで足なお立たずして、よって風のまにまに放ち捨て給う」

と伊勢の縁起を唱える。前後左右に位置取りし舞い、四方を踏む。

荒神が舞い込む。

【２０１８・12・1　六社連合神事比木神社】

手力雄

子ども一人舞　白面と白毛頭を着ける。白衣に赤千早を羽織り幅広袴を着す。腰に幣二本を挿し和串と鬼神杖を持つ。神庭中央で着面する。

幣左手、鈴右手を交互に突き上げ、顔を突き上げる方に向け、一歩一歩力強い足踏みで進む。

舞手「きくからに、これもなほそう神かぐら」

太鼓方「あか月かけて榊葉のかげ」

前と同じ舞い振りで神屋を右回りする。舞の中で次の神歌を聞く。

舞　手「くらき世に天の岩戸をあけにける」

太鼓方「さよ月人の歌うかぐらに」

舞　手「立ち帰るまたもみまごも不思議かな」

太鼓方「みもすそ川のせぜのしらなみ」

舞　手「榊葉のいつのときにかおいそめて」

手力雄　比木神楽　2019.12.7

舞上げ　秋大祭　2019.11.10

太鼓方「天の岩戸のふちとなるべき」

【２０１９・12・７　比木神楽】

舞上げ

二人舞　烏帽子を被り白張に白袴を着す。鈴・表裏金銀。子ども舞手は五色の面帽子、白衣と裁着袴を着用する。開扇・鈴を肩の高さに保ち右回り、途中から左回り、中央で相対し片足立ちで扇を前にして舞い、幣扇で舞い納める。

【２０１９・11・10　八幡神社秋大祭】

二　グループ高鍋神楽

「高鍋神楽」と称する神楽保存団体が存在する。高鍋二人、川南一人、神門一人（日向市在住）の四人で構成する伶人・舞手集団、これらの人々は高鍋神楽会会員でもある。

通常、県内の神楽保存団体は地区の鎮守や地域に所属することがほとんどで、近年継承者不足から保存会を結成することがあるが、「高鍋神楽」の人たちは高鍋八坂神社や愛宕神社に所属せず、比木神社や三納代の八幡神社などの伶人、舞手の人たちとは有り様が異なる。

「高鍋神楽」は六社連合大神事では欠かせない集団で、演舞も洗練され高い評価を得ている。高鍋神楽会には比木神社の神職や伶人をはじめ六社連合の神楽関係者も会員であり、その点では同じと言える。ただ、高鍋神楽という語彙は高鍋町内をはじめ東児湯では馴染まれ、県内でも高鍋神楽は広く知れ渡っていることから、「高鍋神楽」と称する保存団体を「高鍋神楽」で述べると混乱を生じる恐れがある。そのことをふまえて、本冊子では便宜的に「グループ高鍋神楽（G高鍋神楽）」と仮称して述べる。

一番神楽　六社連合神事比木神社　2018.12.1

一番神楽　G高鍋神楽

二人舞　烏帽子を被り赤の狩衣に白袴を着用する。採物は鈴と扇。

太鼓方の「此所よき此所と地を誉めて、処をほめて神を招ずる」を聞きながら舞い始める。舞手は鈴と開扇を上にして正面へ小走りで進み、足を開き腰を深く落として両手を開く。鈴を細かく振る。太鼓に合わせて大股で五、六歩後退しながら細かい足踏みにかえ、九〇度方向をかえ、腰を深く落とす。

この所作を繰り返し、舞手二人は横並列、対角に向い合うなど位置をかえ、両手を開く。扇は閉じて横に持ち袖を腕に巻き、解くなどの所作を行う。

全体的に優雅で気品に溢れた舞である。神庭を浄め神々を迎える。

【２０１８・12・１　六社連合神事比木神社】

花の手　G高鍋神楽

花の手　六社連合神事八坂神社　2014.1.11

二人舞　五色面帽子を被り、白素襖、白袴を着用する。採物は鈴、扇子。

鈴と開扇を持って一歩目膝を大きく上げて踏み出し、閉扇で鈴を振りながら右回り、神庭中央で向かい合い開扇で舞う。後半は榊葉をちぎりそれを唇にくわえ、両手の人差し指と中指に榊葉を挟んで右回りに歩いて舞う。

正面に座し唇と指の榊葉を破り後方に放って、その後饌供を撒く。これを繰り返し、最後は空になった三宝を持って舞い納める。

【2014・1・11　六社連合神事八坂神社】

将軍舞　比木・G高鍋神楽

二人舞　五色面帽子を被る。白衣に金色千早、薄紫の膝下を絞った袴を着用する。背に矢二本を負う。

将軍舞　六社連合神事比木神社　2018.12.1

初め左手に弓、右手に鈴を持って舞いながら前に進み、足を広げ鈴を振りながら弓と合わせる。向きをかえ大股で数歩進み、両手両足を広げ腰を落とす。次に互いの弓を重ね、並列、対面となり軽快な足取りで前後に進み、一人になって跳び上がる。次に矢を弓につがえ下から上に向ける。矢二本を持ち一本を手首で回す、採物をかえ跳ぶなどの激しい動きを加えて舞う。

【2018・12・1　六社連合神事比木神社】

舞　揚　六社連合神事比木神社　2018.12.1

舞　揚　G高鍋神楽

一人舞　烏帽子に紫の狩衣、白袴を着ける。採物は幣と鈴。左手の幣を立て、鈴を小さく振り静かな舞い出し。正面を向き小走りで神屋をまわって上座に位置する。幣を持つ左手、鈴の右手を上げ、鈴を振りながら前に進む。

下座から大股で二、三歩、狭い歩幅で後退する。次に幣を肩に、鈴を持つ右手を前方に出し前に進む。両手に袖を巻き、幣を横にして前に出して舞い、袖を解くなどの所作で舞う。幣を立てた左手は下ろすことはない。静かで滑らかな動きの舞、荘厳さを感じる。

【2018・12・1　六社連合神事比木神社】

獅子舞　六社連合神事愛宕神社　2018.1.14

闘開鬼神　G高鍋神楽

一人舞　五色面帽子、茶色の長い毛頭、白面を着ける。白衣に金襴千早、同袴を着用する。腰に幣二本。

右手に鬼神杖を持って勇壮に舞う。神楽の途中に闘開神楽の舞手二人が舞い込み、鬼神が「肩もみ」「平押し」を行うなど三人で演舞する。素盞嗚命が稲田姫を娶って喜ばれたときの舞と伝える。【2018・12・1　六社連合神事比木神社】

獅子舞　G高鍋神楽

二人舞　獅子二頭、獅子衣装に白袴。

立ち姿の獅子、雌雄二頭は口をパクパクと咬みながら登場。

口の開閉は足踏みに合わせ上座を向き進む。二頭は口を開閉し

闘開神楽　六社連合神事比木神社　2018.12.1

綱取鬼神　六社連合神事愛宕神社　2018.1.14

ながらまわり、下座に向かって進み後退する。
鬼神が舞い込む。

【2018・1・14　六社連合神事愛宕神社】

綱取鬼神舞　G高鍋神楽

一人舞　鬼神、赤鬼面と五色面帽子を着け、白衣、黄幅広袴を着用する。腰に幣二本を挿す。赤のタスキを掛ける。
二頭の獅子は上座に伏せる。鬼神は杖を振り大仰に舞った後、鬼神は素手で獅子を捕えようとするが叶わず、弓矢を持ち獅子を追い詰める。獅子の首筋を捕えて前へ、後ろへ獅子を取り鎮める。
獅子舞と綱取鬼神は連結舞。

【2018・1・14　六社連合神事愛宕神社】

寿の舞　G高鍋神楽

寿の舞　六社連合神事愛宕神社　2018.1.14

繰　卸　六社連合神事比木神社　2018.12.1

一人舞　白面を着け烏帽子をかむる。素襖（袖を通さない）、白袴を着用する。腰に幣を挿す。控え伶人に背負われて登場する。神庭にしゃがみ、左手は腰に右手は杖を頼りに立ち上がる。腰を曲げ少し歩いてしゃがみ首を左右に動かす。そのうちに神庭中央で仰向けに倒れ、小学生二人が背や腰をさすり介抱して立たせる。数歩歩いて神庭中央でしゃがみ、また歩きしゃがむを繰り返す。

観客席から女の人を招き入れ笑いをとる行為をする。控えの舞手に背負われて退場する。

【２０１８・１・14　六社連合神事愛宕神社】

繰　卸　比木・Ｇ高鍋合同

八人舞　五色面帽子に白衣・白袴を着ける。

正面に向かって二列縦隊に位置する。鈴とヤマに繋がる縄をそれぞれが持つ。初め右手に鈴左手に扇子を持って一番神楽を演じ、次に左手に繰卸の注連縄を持ち右手に鈴、次いで注連縄だけを持って演舞する。最後に縄を強く引き注連柱から取って舞い納める。【２０１８・12・１　六社連合神事比木神社】

三　都農神楽

都農神社夏祭り　太鼓台　2018.8.2

都農神社は都農町大字川北に鎮座、祭神は大己貴命。創建年不明。江戸時代、日向国一之宮として領民から崇敬され、藩も長雨や日照り続きなど異常気象のとき祈晴・祈雨の祈禱を命じるなど尊崇していた。

現在、神楽は毎年十二月四・五日の大祭に奉納される。四日は前夜祭として夕方六時ごろから十時ごろまで、翌五日は神事が終わった午後一時ごろから五時ごろまで、神社境内に設けられた神庭で奉納される。演目は高鍋神楽と同じだが現在は一五、一六番を伝承する。

平成二十九年十二月五日、都農神社冬大祭で神楽が奉納された。舞処は神楽殿前に設え、広さ一二畳。ヤマは人手不足でかなり前から設置しない。

御神楽　2017.12.5

一番　御神楽

二人舞　烏帽子を被り、青素襖に白袴を着用する。
鈴と開扇で舞い始め、大股の足踏みで舞庭を左回りで対角に位置して舞う。大股足踏みで進み三歩目で腰を落とす。舞手は並列、対角、向かい合うなど位置をかえて舞う。神庭浄めの舞。

二番　太神舞（かんなぎ）

二人舞　五色の面帽子を被る。

衣装は御神楽と同じ。

鈴を振り長幣を肩に担いで調子よく歩を進め、三歩で腰を落とす。次に幣を横にして並列で上座に向かい大股三歩で腰を少し落とす。下座に向かい並列となり動きは同じ。

次に幣を置き素手となり袖を腕に巻き、それを解く。閉扇を横にして肩の高さで前に出し、幣を担ぎ右回り。大股で足踏み

太神舞　2017.12.5

将軍舞　2017.12.5

して上座で下座を向き、それまでの所作を繰り返す。

三番　将軍舞

二人舞　五色の面帽子を被る。白衣に千早を羽織り色裁着袴をはく。赤タスキを掛ける。

弓を左手、鈴を右手に持ち、上座に向かって前に進み、両足を開き腰を落とす。両手を広げ、大股で三、四歩後退しながら下座を向く。次に並列となり両手を広げ歩くたびに膝を上げる。舞手は背中合わせとなりその場でまわる。

中盤、軽やかな調子で早足の動きとなり、弓を立てて前に、鈴は前後斜めに振り、移動して跳ぶ。

次に舞手は横に並び、二人の弓を水平にして重ね、前後に動く。離れてそれぞれ動いて跳ぶ。

次に弓に矢をつがえ上に向け、下に向けて射る動作を繰り返す。まわって跳ぶ。位置をかえ下座に向かい同じ動作。矢二本を両手に持って回し、両手を腰に当て跳ぶ。

振揚舞　2017.12.5

四番　振揚舞

一人舞　面帽子を被る。白衣と白袴を着用する。袴は裾をたくし上げる。赤のタスキを掛ける。

片タスキで登場、素手で三宝の周りを舞って、三宝前に座し両タスキとなる。三宝の上に置いてある抜身の刀一振りを取って上げ、切っ先を肩に当て、刀を横に払ってまわる。この動きを重ね身体の前で刀を回す。下座でも同じ動作を行う。次に刀二振りを両手に持ち左右に動く。両刀を顔前で激しく回し、この後切っ先を持って舞い、二刀を重ね切っ先を持ち、最後は二刀を順手に持って回す。回しながら一まわりして舞い納める。

五番　獅子舞

二人舞　獅子二頭、獅子衣装に白袴

獅子舞　2017.12.5

立ち姿の雌雄二頭の獅子が口をパクパクと咬みながら登場。口の開閉は足踏みに合わせ上座を向き進む。二頭の獅子はそれぞれ咬みながら神屋をまわり、下座に向かって進み後退する。鬼神が舞い込む。

六番　綱取鬼神舞

一人舞　鬼神、赤面と白毛頭を着ける。白衣・赤袴を着用する。腰に幣二本を挿し、赤のタスキを掛ける。

綱取鬼神舞　2017.12.5

二頭の獅子は上座に伏せる。鬼神は鬼神杖を振って大仰に舞い、しきりに顔を左右に振る。鬼神が杖で獅子を立ち上がらせ、獅子は右回りに動き鬼神は中央で舞う。これを数回繰り返す。次に鬼神は素手で獅子を捕えようとするが逃げられ、位置をかえ獅子を押し、離れて舞う。弓矢を持ち獅子を追い詰める。獅子の首筋を捕え、前、後ろへと動き、獅子を取り鎮める。

五番獅子舞と六番綱取鬼神は連結舞。

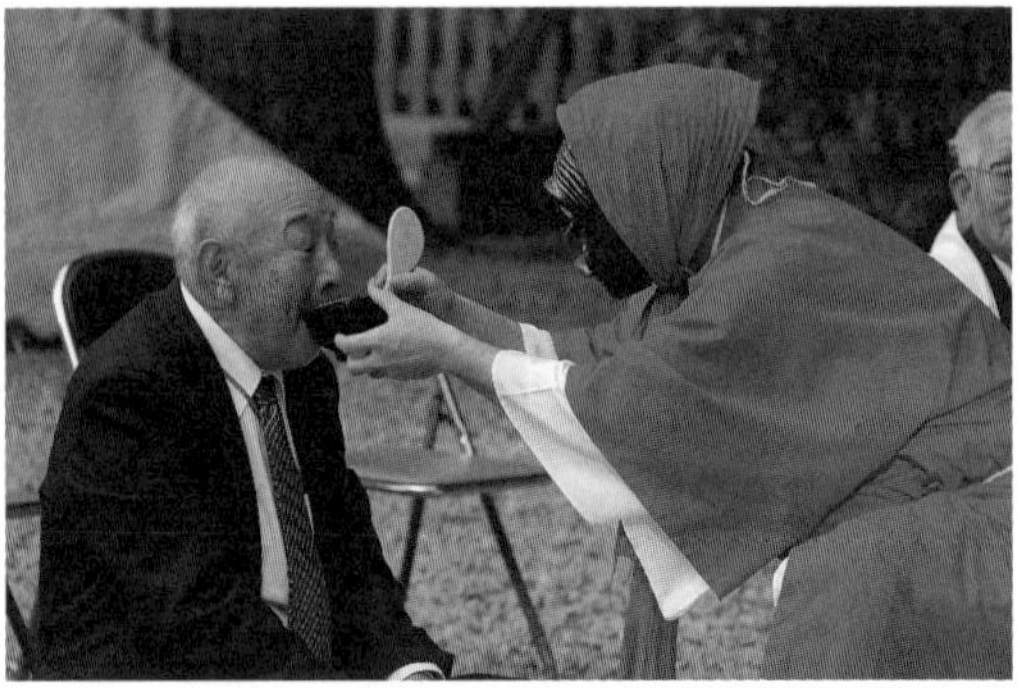
磐石舞　2017.12.5

七番　磐石舞

一人舞　黒面を着け赤布で頬かむりする。赤衣装に白袴を着ける。腰に竹籠を付ける。

祓幣を左手、鈴を上下に振りながら登場、すぐに観客席へ行き、何事か言って腰のカゴを振る。神庭に戻り腰を大きく回し前後に振り、また観客席へ。これを繰り返す。

次に椀とメシゲ（杓文字）を持ち飯を食う所作、観客に食わせる所作をするが、観客も口を開け食う真似をして応じる。次に六〇センチほどの木製男根を持って舞い、「天の逆鉾と申します」と唱え、やおら男根を股間に挟み衣装で隠す。観客にはチラッと見せる。

上座に戻り男根を上に向けては叩き落とす、起こしては叩くの所作をする。これを観客の前でも行い、舞庭中央に座して終わる。

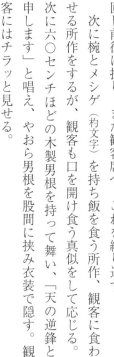

「ホホホホホホホ、諸神勧請と敬はるる年の神、如何なる神の祖《おや》なれば頭は白し腰は潜みホホホホホホホ。

ホホホホホホホ、みんなバヤバヤ言やりめらすな、此《こ》れからダンダンの講釈が始まりますぞ。ホホホホホホホ。

ホホホホホホ、ま〜だまだ講釈が御座《ござ》りめらすぞ、こういう大もうなお祭祀《まつり》を上げやりめらすと、この氏子には一日風邪《ひしちかぜ》もひきゃせん、病気する代わりにゃ、こら（手をかざす）こりこりやらにゃ、又あんまりこりこりやりよると、来年のお祭り前になると、そこにゃ女《おなご》ん子がにょきりん、ここにゃ男ん子がにょきりん、にょきりん、其《そん》の又お産の軽《かる》りい事《こつ》が、卵ん皮をつん剥《み》たような子の器量良しがあのようにも出来やりめらすぞ。

ホッホッホホホホホ……。」

次にメシゲを取り出す。

「ホッホッホホホホホ、これにもダンダンの講釈が御座りめらすぞ。これは昔千古代《むかしせんごで》からの孫杓子《まごじゃくし》じゃ、百姓が作る五穀のはじまりは早生、中生《なかて》、晩生《おくて》どれん（も）これん（も）良く出来やりめらした、唐土天竺《とうどてんじく》我が中《ちゅう》の広さ、おっとりかわせばめしわん（椀を右手に持ちて、椀を杓文字でコツコツ叩きながら）ホッホッホホホホホ……。

これにもダンダンの講釈がござりめらすぞ。これはこの村が始まる前から伝わる広闊椀《こうかつわん》と言《う》んじゃりますぞ。ホッホッホホホホホ。」

これからしばらく仕草、この椀に飯を注ぎて、自分に幾杯も食うところを表現する。又参詣者の傍に行き相手に食わせる所作を演舞。

「ホッホッホホホホホ、こげんにも（このようにも）押しつけ、もっ（盛り）つけつぐように、ウンじゃりまらするが、うん（汝）がよなへんじ（返事）のにびやつ（鈍奴）がつぐとあぶ（虻）のいるような穴が、あ〜っち、こっちほげ（穿）ちょる……、こどむ（子供）はこどむなり。こりゅ（これ）よきくう（食）ちょかんとよう（良く）ふと（太）りゃせん、わけしゃ（若者）わけし（若者）なり、としよりゃ（年寄り）としよりなり、こりゅ（これを）せっぺぇ（たくさん）くうちょかんとこりこり（仕草をなす）がやれんばい。夜中ごろになって、せ〜（精）がつきて、まごどみ（孫供）水がのみてとかお茶がのみて、言ぅてむ、まごどむも、こりこりはじめちょち、なんどこ（何事）じゃねど、麦飯がたぎるごつ布団打ち被っちょってぶすこぶすこやっとまこちびしょびしょじゃ。ホッホッホホホホホ。」

磐石舞　2017.12.5

次は木製男根にて演舞。

「ホッホッホホホホ、これは天より天降りたまう天の逆鋒と申します……。天より万物を授け給う二柱《ふたはしら》の神が、おのころ島にありまして、夫婦の道を始め給いて、国を生み神を生み給う国づくり始まりの逸物で、これから万年しゃなひとだえなしということになっちょる、ホッホッホホホホ。（見せてまわる）これこれこんぎゃさしいむんじゃ。ホッホッホホホホ。」

この舞は磐石の国生み、五穀豊穣、子孫繁殖繁昌を表し、素朴で極めて道化、滑稽な仕草である。

住吉舞　2017.12.5

七番　住吉舞

一人舞　赤面をつけ烏帽子を被る。袖を抜いて素襖、袴を着す。腰に幣を挿す。

控え舞手に背負われて登場する。御神屋にしゃがみ、左手は腰に右手は杖を頼りに立ち上がる。エビのように腰を曲げ少し歩いてはしゃがみ首を左右に振る。そのうち御神屋中央で仰向けに倒れ、小学校低学年の舞手二人が背や腰をさすり介抱して立たせる。数歩歩き中央でしゃがみ、また歩いてしゃがむを繰り返す。

白衣、白袴の子ども舞手が鈴・開扇で舞い込む。上座で扇を上げ鈴を振る。舞手に向かって歩くがまた倒れ、舞手が介抱し立たせる。御神屋を半周して座る。倒れる起こすを繰り返す。二人舞手、再度舞い込むが倒れ二人が起こす。二人に平押しをしようとするが、また倒れ介抱される。控えの舞手に背負われて退場する。

高鍋神楽ではこの舞を寿の舞という。

八番　御神楽

四人（子ども）舞　烏帽子、白衣、白袴。

開扇、鈴で舞い始める。両足を開き両手を広げ、閉扇を掲げ鈴の手を広げ後退、まわって位置をかえる。二人ずつが向かい合い閉扇の左手を前にだし、相手の間を進み位置をかえ、閉扇を斜め上に掲げ、両手を広げて舞い、開扇・鈴で舞い納める。

四　日置神楽

水沼神社後方の湖水ヶ池　2017.8.3

水沼神社は新富町大字日置に鎮座、六反田・野中地区の鎮守。創建は不明。祭神は水波能女神《みずはのめのかみ》、闇淤加美神《くらおかみのかみ》、鳴雷槌神《なるいかづちのかみ》。祭神水波能女神は伊邪那美が火の神を産み、陰所《みほと》を焼き、苦しむとき尿《ゆまり》より化生した神で水を主宰する。闇淤加美神は伊邪那美が火の神の首を斬った折、剣の柄に集まった血から生まれ、祈雨止雨の神である（※1）。

江戸時代、高鍋藩は雨乞祈禱をたびたび水沼神社で行っている。神社後方に湖水ヶ池が広がり、この池には入水した女児の姿を見たいと親が願うと一度は現れるが、再度願うと今度は龍の姿で現れ二度と姿を見せず、「子見ずが池」と言われるようになったと伝える。

日置神楽は、日置地区の鎮守水沼神社の伶人を中心に保存団体を結成し、元旦祭や祖霊祭、春季・秋季大祭などのとき、水沼神社をはじめ紀伊神社、久家神社、日置神社などの地区内神社で奉納している。演目は御神楽、太神、敏伐、鬼神、将軍、振揚、獅子舞、手力雄、戸開雄など十番程度。

令和元年九月十三日（旧暦八月十五夜）、新富町水沼神社夏祭りで神楽奉納があった。午前十一時五十分から神事、十二時二十分から神楽が奉納された。

御神楽　2019.9.13

神楽の由来は不明、何年か前要請があって、舞い方を比木の神楽長神田徳智氏が指導されたと聞いた。楽は鋲止め太鼓と横笛。五〇センチメートルほど間隔を置いた薄縁二枚を並行に敷いた上で舞う。

一番　御神楽

二人舞　烏帽子を被り白素襖、白袴を着用する。採物は鈴と扇。

閉扇・鈴で舞い始め、直ちに開扇となり薄縁上で舞い、大股の足踏みで位置をかえ対角に位置して舞い、さらに位置を並行にかえ神前に向かって舞う。

舞の途中で袖を腕に巻き、解き舞う。また中央で向かい合い、袖の巻き解きを行い、場所をかえ同じ動作で舞う。

敏　伐　2018.9.13

二番　敏　伐

二人舞　白毛頭をつけ腰に幣二本を挿す。衣装は御神楽と同じ。

鈴を振り閉扇で舞い始め、直ちに開扇、神前に向かい足を交互に踏み出し後退する。この動作を繰り返す。閉扇を肩の高さで前に出し、鈴を振って舞い対角に位置をかえる。次に開扇となり舞手は神前に向かって並列になり、大股の足踏みで位置をかえ、袖を両手に巻き、解きの動作を繰り返す。扇と腰の幣二本をかえて、幣は直角に開いて持ち、右手に袖を巻き戻すを繰り返す所作を随所で行う。大股の足運びに特徴がある。

将　軍　2019.9.13

三番　将　軍

二人舞　白毛頭をつけ白素襖・白袴を着用する。採物は白幣、鈴、弓矢。

左手に白幣二本、右手に鈴を持ち舞う。次に弓を立てて持つ。大股の足踏みで前後に動き、全体には敏伐の舞い振りに似る。次に舞手は並列になり、弓を重ね軽快な足取りで舞い、途中から弓に矢をつがえ下や上に向けて射る所作をする。位置をかえて前の所作を繰り返し行う。最後は矢を前に落とすように射る。

鬼　神　2019.9.13

四番　鬼　神

一人舞　赤鬼面、黒毛頭を着ける。狩衣と白袴を着る。採物は幣と鈴。

開いていた薄縁を閉じる。まず舞処中央で面を自ら着ける。幣を斜め上に振り上げ鈴を横に振り幣を下げる。この所作を繰り返す。次に幣と鈴を首筋後ろに両手で保ち、すぐに両手は腰へ。それを左右に動かし大股で後退する。次に幣と鈴を左肩へ、動きは前と同じ。両手を大きく広げ、胸前で閉じて舞い納める。

五番　手力雄

一人舞　赤面・黒毛頭を着ける。白衣に金襴千早を羽織り、金襴袴を着用する。

鬼神杖を身体右側面に突き出して舞い、時に顔を上、下と動かし見栄を切る。次に杖を立て、両手を杖の頂部に置き、左右に大きく足踏みし、それを繰り返す。

舞の途中、素面、白衣、白袴の舞手二人が鈴を振って舞い込み、手力雄が二人の肩に杖を当て手前を回す。二人は退場。鬼神は杖を立て開扇を左右に激しく振る。再び二人が舞い込み、鬼神は杖を二人の肩に当てて押す、二人が押し返すの動作を行う。回す、押すの所作を繰り返す。

手力雄　2019.9.13

六番　振揚

一人舞　白の切紙毛頭、白衣、白袴、青タスキ、刀二本。

振　揚　2019.9.13

初め片タスキで登場、舞処中央に座して両タスキとなり、三宝の刀一振を持って、前方に突き出して肩に戻し、両足を開いて刀を顔の前で回す。次に二刀を両手に持ち、左手の刀を前に突き出し、左手の刀を大きく払う。この所作を繰り返し両刀を顔の前で回す。
次に二刀の刃を持ち、舞いながら手を切っ先へずらし、切っ先を握って顔前で回す。その後二刀を重ねて切っ先を持つ、順手に持つなど形をかえるが所作は同じ。

七番　納め神楽

二人舞　烏帽子、白素襖、白袴を着ける。
閉扇と鈴で舞い始め、腕に袖を巻き、解き、位置をかえ向い合って両袖を巻き、それを腹部に、直ちに戻して開扇となる。扇は手の甲に、または掌で挟み立てて舞う。

※1　川口謙二『日本の神様読み解き事典』柏書房

付章　資料編

戸開雄面

鬼神面

磐石面

手力雄面

節面

寿面

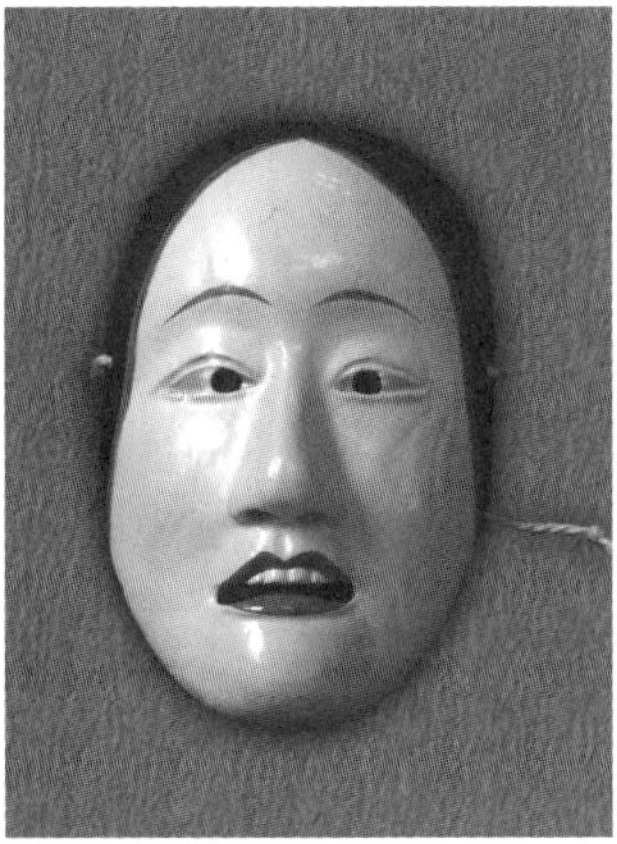

大神面

闘開鬼神面

資料二

比木神社縁起

日州児湯郡高鍋比木大明神本縁

日州児湯郡高鍋比木大明神者、蓋所祀百済福智王也。按其所藏旧記、曰百済禎嘉王二十一年、譲位福智王、福智王立三年、百済大乱、福智王與禎嘉王奔本邦、始到芸之厳島。時孝謙天皇天平勝宝八年丙申九月也。後二年戊戌秋、福智王更到日州児湯郡蚊口浦、乃取所霑鞍韉衣帯、寘于石上以乾之。因其処曰毛比呂計。一云具良加計。遺蹤今尚存。既而欲卜其所当留住之地、乃以殊投地、珠飛走十有八里止。乃就而居焉。因名其所曰火弃。蓋取諸嚮道之義、嚮導此云久邇能美知比義、禎嘉王則到日州臼杵郡金浜、入山中七十八里而留住焉。久之、寇至自百済。禎嘉王迎遇于伊佐賀坂。連戦不利、禎嘉王為流矢所中、王次子戦死。賊乗勝攻之益急。会福智王卒石河内、中股雉野、渡河諸里之兵、従火弃来救、而患乏糧。有禎嘉王親信益見者、入山射猟、多獲麋鹿以兵食。此後世祭比木祠、必田猟以其所獲、為豆実之縁也。既而禎嘉王病創竟不起。葬于塚原、立祠称神門大明神。乃祀其妃葬之伎野称大歳大明神。又妃王次子伊佐賀坂、称伊佐賀大明神。久之、福智王薨葬火弃。其祠火弃大明神、妃附焉。亦太子、宰臣、乃太子乳母之祠隷焉。今称太子祠曰若獅子、宰臣曰一宮、乳母曰紅梅殿。嬪従十有二人、皆葬于塚原。又嘗有王舎人七人、其裔世奉祀。建祠之後郡訛火、以故仁寿二年壬申、改火弃為比木。凡此厥祠莫尊於比木、而自古為高鍋之鎮焉。（後略）

宝暦五年乙亥六月穀旦

甲斐州山梨郡山王社神主

信濃守従五位下　源朝臣光章謹撰
天保三辰年九月吉日写之　長友司宗義

（『宮崎縣史蹟調査第四輯　児湯郡之部』宮崎縣）

資料三

比木神社　高鍋ニテ見聞ノ概略

一比木神社ハ高鍋町ヨリ西ノ方凡二里許、小丸川ノ上流木城村字椎木ニアリ。村道ヨリ四五十間北ヘ入リ、平地ニテ東西十五六間、南北七八間ノ社地ニテ其周囲ハ樹木繁茂ス。拝殿ハ三間ニ七間、本宮二間四方位アリ。末社ノ宮右ノ方ニアリ。村落ニハ立孤ナル社ナリ。

一祭神ハ大己貴尊ナリ。俗ニハ百済王ヲ祭ル云伝フ。

一建立年月不詳。

一社格郷社。

一宝物等何モナシ。宝永年中盗難ニ罹リタリト云。

一維新前ハ大日山長照寺ト云寺アリ。神職ト共ニ奉仕シタレドモ維新ノ際寺ヲ壊シタリ。

一七人家ヲ称スル家筋アツテ、前ノ神官モ今ノ神官モ七人ノ内ナリ。神官ノ外ニ祝子ト唱ヘ神楽ヲ司ル現今ノ祠官ハ神田捨五郎ナリ。

七人家ハ俗問百済ヨリ随従シタル臣下ノ子孫ナリト云伝フレトモ、一モ証拠トスヘキモノナシ。苗字ハ十住又ハ壱岐、神田ナリト云。

一宮田神社ハ高鍋町ノ南ノ方数町ノ処ニアリ。祭神櫛稲田姫命ナリ。俗ニハ福智王ノ妃ヲ祭リタリト云。

一大歳大明神ハ大歳神社ト称シ、小丸川ノ流末字之岐野ニ在リ。大歳ノ神ヲ祭リタリ。俗ニ福智王ノ母君ヲ祭リタリト云。

一比木社ノ祭礼ハ十月廿七日高鍋御城下渡御アリ。御城内手塚元吉ノ家ニ御休ミアリ。宮田社ニ御泊リハ宮田神社ニテ社ノ脇ニ御小屋設ケ御参所ト唱フ。二日目ニハ太平寺或ハ町内長友ト云者方へ御休、市中ニ御小屋ヲ設ケ御泊リ。三日目ハ小丸川ヲ渡リ字坂本柄ノ本ト云者方御休ミ還御アリ。御休ミノヶ所ハ何モ由縁ハナク独リ坂本ノ柄ノ本ト云フハ百済ヨリ渡来ノ節水ヲ乞ハレタルニ柄杓ノ柄ヲ前ニシテ水ヲ進メタレハ柄ノ本ノ姓ヲ賜ルト云伝フ。此御幸ヲ御里廻リト唱フト云。

一十一月申ノ日ニ又大歳神社へ御幸アリ。此御幸一泊ニテ還御アリ。

一城云比木ノ縁記ハ父モヨリ出来居マンザラ捨テモナラヌモノナリ。百済王ヲ合祀シタルモノカトモ考ラレ、冀クハ漢文ニ改メサル前ノ旧記ヲ見タケレトモ何方ニモナキヲ遺憾トスト。(中略)

一長友云比木ノ縁記ハ古故書ニ拠ルヘキナキカ為メ、僧侶ノ捏造トシテ排斥シタレ共諸社ノ由来記ニ古書ニ符合スルハ熱田ヲ除ノ外恐クハ之レナカラン。神社ノ由来記ハ此位ノモノ多シ。比木モ百済王ヲ合祀シタルハ信ナラント云。依テ向名和ハ縁記ヲ排斥シナガラ高鍋御里廻リ神門ノ御幸土ヲ□セザル他ニモカヽル例アルモノヤ、何ノ為メニ存セラレタルヤト長友云、自分ハ名和ノ第一子トナリ。随身致シタレ共弱年ニテ専ラ皇典ヲ写ヒタルマテニテ、名和ノ説ハ聞カサレハ共、大己貴尊ハ諸国ヲ開カレタル神ユヘ、諸所へ御幸アルナラント。又問縁記中ニ一ノ宮又ハ紅梅殿ト称ス神アルヨウ見エタリ。此社ハ何方ニアリヤ、長友云比木ノ末社ニアリ。紅梅殿ハ改メテ紅梅神社ト称スト。

神門神社明細帳ノ略　神門神社祠掌原田梅平ニ就キ書抜ク

宮崎縣管下日向国東臼杵郡南郷村大字神門小字小路

社格郷社　神門神社

一祭神伊弉冉命、事解男命、倉稲魂命、品陀和気命、大山祇命、菅原神、百済国伯智《ママ》王霊神

一由緒　本社養老二年（月日不詳）創立元ト神門大明神ト称セシ、明治四年十一月元鎮座字落原、地主神社祭神倉稲魂命、字田爪若宮八幡神社祭神品陀和気命、字刈屋愛宕神社祭神事解男命、伊弉諾命、速玉男命、字黒岩天満神社祭神菅原神、此四神社合併シテ神門神社ト改称シ社格郷社ニ定メラル。

一社四神社三社内王神社祭神伯知《ママ》王御子外、神祭神伯知王御子、稲荷神社祭神倉稲魂命。（省略）

（『内藤家文書』）※句読点筆者

資料四

聞取り

祠掌云、神門神社ハ始メ瀬織津火古命ヲ祭リタルヲ、又井野へ移シ其跡ニ百済王ヲ祭リタルト云伝フ。之レヲ今川上神社ト称セリ。神門神社ノ祭日は供物ヲ川上神社ニ供へ然後神門神社へ供フト云。

一比木神社ノ神門御幸ハ、昔ハ十二月申酉ノ祭ニテ、卯ノ日ニ比木御立アリタレトモ、近頃ハ十二月十九二十日の祭日ト改リ十四日ニ比木御立ナリ。祠官所属ニテ十四五人ハ随従ス。尤定リハナク年ニ寄増減アリ。十八日神門御着ニテ、十九二十日ト祭典アリ。廿一日ハ益見太郎祭アリ。益見太郎ノ社ハナク神門神社ノ少シ山ノ上ニ森アリ。其森ニテ祭典アリ。廿二日還幸ナリ。

一比木御立ノ日ハ美々津在別府ト云処ニ御泊リ。二日目ハ平岩村ノ内金ヶ浜ニテ浜辺ニ御休ミ、随従

ノ祠官共海水ヲ浴シ身ヲ清メ、倉ヶ浜ニテ御休ミアリ。夫ヨリ神官ニタ手ニ分レ、一ハ平岩ノ内山ノ田通ト唱フル山越ヲシ、一ツハ神ヲ護シ浜通リシテ財光寺村ニ合シ、河野岩治方ニテ御休ミ、字松原通リ、字塩見村字権現原ヲ経テ、字中村ニ御泊リ、御宿ハ元専右エ門ト云者宅ナレドモ其家断絶シ、分家佐藤与助ト云者宅トナリ。是亦退転シ今ハ林業者ノ家ニ御泊アリ。祠官ノ賄ヲ始メ諸費用ハ村中ノ負担トス。其夜神楽三ツ奏ス。三日目ハ中村御立、僅ニ五六丁ニテ姥神と唱フル森アリ。其森ニ御休ミヌ神楽ヲシ坐ヲ表ス。此時塩見村松木丈平ト云者餅ヲ献備シ餅マキアリ。姥神ノ森は塩見川ノ御囲藪ト田地ニ跨リ、凡三四間方ノ森ニテ大木ハナシ。夫ヨリ一二ヵ所御休アツテ山陰村歳国神社ノ末社伊佐賀神社ニ御休ミ神楽アリ。而テ比木ノ神官歳国社へ祝文を奏シ歳国ノ神官比木社へ祝リヲ奏シ羽坂ニ御泊アリ。四日目ハ坪谷村御泊リ。五日目ハ坪谷村ヨリ伊佐賀越ノ難所ヲ御越アリ。其時神門ヨリ御迎トシテ峠ニテ御待受ケヲナシ、峠ニ御着直ニ双方ヨリ一人ツヽ、出シ二人ニテ神楽ヲ奏ス。峠ニハ伊佐賀神社ト称シ小社アリ。双方ノ神官出過クルモ言語ヲ発スルヲ禁シ、神楽終リタル後チ始メテ互ニ挨拶ヲナス。坂ヲ下リ塚ノ原ニテ御休ミアリ。爰ニテ神門ヨリ神輿ヲ出シ、神輿ニ移シ間道ヨリ神門神社ノ一ノ鳥居ニテ御休、御着ノ神社アリ。詰所神楽ノ内尤モ大切ノ神楽ニテ双方其迎リ人ニテ奏スルト云。塚ノ原ハ神門神ヲ葬リタル古墳ト云。姥神ト相似ヲ田ノ中ニ少シノ森アリ。是モ大木ハナシ。御還リノ山陰村中ノ原ニ御泊リ舟ニテ美々津へ御上陸アリ。神体ハ白錦ノ袋ニ入レ幣ト共ニ此先ニ結付神官ノ内之レヲ肩ニシ冠笠ヲ蓋ヒアリ。沿道ノ諸村牛馬病ノ心願ヲナシ御通行ノ節途中迄馬ヲ牽キ御迎ニ出テ、或菜大根ニ虫付キタルトキモ願ヲ子ルト云。御幸、概略如此。

一　坪谷以西下三ハ村民御子ト云、又ハ子洗トモ、後見《ごみ》ト云。難儀ト云地名アリ。卸シ子ハ神門へ御出ノ節御児ノ御出産アリ。子洗ハ其子ヲ洗揚ケタル所ト。ゴミハ振回テ敵ヲ見タル所ト云。此類一モ信スルニ足ラサルニ似タリ。

一金ヶ浜ニテ海水ニ浴スルトキ醜戯アリ。陰茎ノ寸ヲ取リ太キ細キ競ヘタリト云。今ハカ、ルコトナシトイヘトモ、陰茎ノ寸ト称シ紙ヨリニテ輪ニシタルモノヲ所持セリ。夫ヲ途出ノ婦女子其安産ヲ守トトナヘ少シ初穂ヲ備ヘ御受ルト云。説ニ当一月旧ノ十二月モ山陰村ニテ頂キタル者アリト云。甚シキ醜戯アレドモ聞クガマ、付記ス。（後略）

（『内藤家文書』）※句読点筆者

資料五

特殊神事高鍋神楽

昭和十七年（一九四二）宮崎県は県内神社に「特殊神事」を報告するよう学務部長名で指示している。高鍋町郷社八坂神社社司永友宗行氏はそれに応えて高鍋神楽を報告している。内容は大正六年（一九一七）三月、児湯郡木城尋常高等小学校が神楽の舞い方や唱教、問答、神歌を編さんした「日向高鍋神楽番付及縁起」とほとんど同じ、「日向高鍋神楽番付及縁起」はおそらく高鍋神楽の原点となっているものと思われる。

特殊神事　高鍋町郷社八坂神社々司永友宗行報

一、日向高鍋神楽（里神楽、岩戸神楽とも云ふ）

二、高鍋、上江、木城、川南、富田の各町村鎮座の郷社に於て、毎年十二月二日の午后七時より開始し翌朝日出過ぎに終る。大神事と称す。毎年輪番に行ふ。
三、奉仕者は前記関係町村神職、神楽人全部奉仕す。（五十名位）
四、大神事は神社境内に神籬を立て、林飾り（これを山と云ふ）四間四方位に忌竹をたて注連縄を引廻らして神座は南向き或いは東向きとし弐柱弐参甚の神饌を備へ、天神地祇八百万神を招聘す。終夜庭火をたく。
五、関係町村長、職員氏子総代有志者を始め、老幼男女の参拝多し。
六、境内外にて露店売店掛茶屋等ありて終夜賑やかにして想像にくるしむ位也。

一番　壱番神楽

二人にて各狩衣をつけ烏帽子を冠り、右手に鈴左手に扇子を持ち舞ふ。
太鼓師唱ふ　此所よき此所と地を誉めて、処をほめて神を招ずる。
東上りて西下りたるを青龍の地と誉めて奉る。（以下、南・西・北、黄・赤・白龍の順）
四方下りて中高くなるを黒龍の地と誉め奉る。
四方上りて中平なるを黒龍（穀粒）万倍黄金の大地と誉め奉るとこそ説き置き給ふよ。
ハンヤ日向なる伊勢男の妻の五十鈴川、万世までも流れたえせず
舞人唱ふ　伊勢の国山田ヶ原の榊葉に　心の注連を引かぬ間もなし
抑々、地神五代は第一に天照皇大神、第二に正哉吾勝勝速日天忍穂耳尊、第三に彦穂瓊々杵尊、第四に彦火々出見尊、第五に鵜茅葺不合尊と申奉る。御后神は玉依姫命と申し給ひて、人皇第一代に当らせ給ふ神武天皇を産み給ひて、元の竜宮に帰らせ給ふとこそ説き置き給ふよ。

ハンヤ榊葉は何時の時にか折りそめて、岩戸の前にヤー飾りとはせし
舞人唱ふ　千早振る神代の鏡掛けて見よ、神代はいつも曇らざりけり
抑々二柱の大神と申奉るは、此国に下らせ給ひて三柱の神等を産み給ふ。一に天照大御神、二に月夜見之尊、三に素盞嗚尊とこそ説き給ふよ。
ハンヤ西の海檍が原の
太鼓師唱ふ
浪間より現れ出でしや住吉の神

二番　花の手舞

二人にて各舞衣を着け折烏帽子を冠り、右手に鈴左手に扇子を持ち、次に左右の手にて榊葉を撒き、両手に之を持ち又口にくはへ、次に榊葉を盛りたる盆を持って演す。
太鼓師唱ふ　伊勢の国古き社をあらためて、今の社と拝むめでたさ
ハンヤ此程に結びこめたる願の紐、今こそ解くるヤー神の心かな
舞人唱ふ　雨の降る高天原を通り来て、清めの雨にあふぞ嬉しき
ハンヤ榊葉は何時の時にか
太鼓師唱ふ　折り初めて岩戸の前にヤー飾りとはせし
舞人唱ふ　小夜中にあいの風吹くおもしろや、神風なればしなやかに吹く
ハンヤ我が氏とは我とぞ祈る
太鼓師唱ふ　われなるいしはヤーわかくなるらん

三番　太神舞

一人にて太神面を被り、左手には幣右手に扇子を持ちて静かに舞ふ。

舞人唱ふ　みてぐらはたかたてそめし幣帛か
太鼓師唱ふ　天若彦のためしみよかな
舞人唱ふ　阿らゝぎの浜風吹くか松風か
太鼓師唱ふ　吹けばさびいしき阿らゝぎの里

四番　敏伐舞

二人にて舞衣を着け、両腰に御幣を挟み、右手に鈴左手に扇子を持ち、次に舞衣を脱ぎ持ちて舞ふ。

太鼓師唱ふ　伊勢の国山田ヶ原の榊葉に、心の注連は金の七五三、黄金の注連とヤア引いてまします
舞人唱ふ　君が代は限りもあらじ長浜の、真砂の数は読み尽くすとも
　ハンヤ君が代の久しかるべき
太鼓師唱ふ　ためしにや神も植えけん住吉の松
舞人唱ふ　よい祝ひ七つの松の枝毎に、そめし緑は若くなるらん
　ハンヤ山里は夜こそ寝られぬ中々に松吹く風にヤー驚かされて

五番　鬼神舞

鬼神面を被り鬼神服を着け、御幣を両腰へ挟み、御幣付きの杖を右手に持ち、左手に扇子を携えて

舞ふ。
舞人唱ふ　草も木も我が大君の国なれハ、いづくか鬼のすみかと定めん
舞人唱ふ　立ち帰りまたもみまくも欲しきかな
太鼓師唱ふ　みもすそ川の瀬々の白波

六番　将軍舞

二人にて腰に刀を帯び背に矢を負ひ、始め左手に弓、右手に鈴、次に左手に弓、右手に矢を持ち、次に両手に矢を持って舞ふ。
太鼓師唱ふ　弓も矢も国も静かに治まりて、なお静かなる住吉の松
ハンヤ榊葉をさしてぞ紬の追風に、なびかぬ神はヤーあらじとぞ思ふ
舞人唱ふ　弓も矢も国も静かに治まりて、なお静かなるこの所かな、抑々八幡大神宮と一派、崇敬宗廟の大社なり。神祇往古の神明にてましませば、頭に馬頭の甲《かぶと》を着し、身に五徳の鎧《よろい》を着け、腰にダンビラ関の前刃
ハンヤ一級の槻《つき》弓にいしにぐをの弦を張り、総定紋の箙《えびら》には五百足足らずの矢数を差し、馬は九面相の馬安置轡《くつわ》にあきのおもがい、国土満足と云ふ鞍を敷き、だんの腹帯強く締め、うちめの鎧、踏みそらし彼処三遍打逃れば天の魔王も鎮まり給ふよ
ハンヤ伊勢の国山田が原の榊葉に、心の注連をヤア引かぬ間もなし
舞人唱ふ　千早振る我心よりなす業を、何れの神かよそに見るべき
抑々将軍と一派、頭に馬頭の甲を着し身に五徳の鎧を着け、胸に黒皮の紐をつがいの腕に九形九

月の籠手《こて》を当て、足に盤石の靴を穿《は》き能き城に能き武者こむれば万騎の武者も退いてこそ行く
ハンヤ振立る五十鈴の音に押さへて、人の種こそヤー人の種なり

七番　問　舞

一人舞。狩衣を着け烏帽子をかぶり、左手に御幣二本を持ち右手に鈴を携えて舞ふ。
但節を問答の後に舞ふ。

八番　節《ふし》　舞《まい》

荒神の面を被り、荒神服を着し、右手に御幣付の杖を持ち、左手を懐にし榊葉を撒き後に扇子を携えて舞ふ。

問　白金や黄金の梅が花咲くや、神の戸のともに開かざらめや、天津神国津神社を祝ひてぞ我葦原の国は治まる
抑々、天長地久御武運長久御息災延命五穀成就の為に、祭典並に神楽執行奉る処に、俄かに御出現ましますは、如何なる御神明にてぞましますやらむ、御宣《みのり》の程の御託宣註文申し入るべく存じ候へ
再拝再拝敬って申す

節　抑々、三宝荒神の謂れは汝知るや知らずや、神に大庭《おおば》のみさき、仏に伽藍のみさき、八万四千剣のみさきと現ずるとあるなり、汝にはや教へとらす

問　扨々、三宝大荒神殿と御名宣《なの》りなされまして、神主も安住仕りて御座ります。お許しなされませ

節　神主、まだ許せとははるばるの事

問　左様御座りますならば一寸御崇敬にまかり立ち申して、ちと大荒神殿へお尋ねの儀が御座り申す
節　如何なる事でも問はれよ指し示さん
問　鳥居の根源をお示しに預かりとう御座ります
節　神主申し上げよ
問　何れの道荒神殿のお示しに預りとう御座る
節　神主、我が前に立てる程の神主、神主申し上げよ
問　左様御座りますれば不足なる神主に御座りますれども、後と先でも申し上るで御座る
節　神主申し上げよ
問　抑々、鳥居は日の大御神天の岩戸に籠り給へりし時、八百万の神等神儀りに儀り給ひて、日の大御神出まし給はんことを祈り給ふ時、木を岩戸の前に立て其の木の上に鶏を居らしめて鳴かしむ所謂鳥居の始めなり、右の柱は陰左の柱は陽、木をその上に通すは物は陰陽五感の理なり再拝再拝敬って申す、もうお許し成されませ
節　熱心な神主よう心得られた、託宣を指し示す
問　有り難う御座る
節　抑々、地神由来の三徳を兼ね国々を巡り、氏子繁昌と守るが為天より宝を下し、地より五穀を生じ事万物に至るまで、是皆我が為す所作なり、汝に早や教へとらす
問　扨々、御託宣に預り申して、神主も安住仕って御座ります、もうお許し成されませ
節　神主まだ許せとは遥々《はるばる》の事
問　左様御座りますならば、一寸敬ひ申した後お許し成されませ

節　許す折もあらん

問　千早振る我が心より為すわざを、何れの神かよそに見るべき、榊葉は何時のときにか折りそめて岩戸の前に飾りとはなる、もうお許し成されませ

節　まだ許せとは遥々の事

問　左様御座りますれば、ちと大荒神殿へ御尋ねの儀が御座ります

節　如何様な事でも問はれよ、指し示さん

問　地神五代の根源をお示しに預りたう御座ります

節　神主申し上げよ

問　何れの道荒神殿のお示しに預りたう御座る

節　神主侮らるる事を申さるるな、神主

問　御侮りとの御咎め殆ど迷惑仕て御座る、何れの道荒神殿のお示しに預りたう御座る

節　神主、我前に立てる程の神主が、それしきな事を知らぬ神主とは見立んなれど、知らぬと云はるるに就いて聊か指し示す

抑々地神五代は第一に天照大御神《あまてらすおおみかみ》、第二に正哉吾勝勝速日天忍穂耳尊、第三に瓊々杵尊、第四に彦火々出見尊、第五に彦波伎瀲武鵜茅葺不合尊、是我国五代の神にまします

汝に早や教へ取らす

問　扠々、御託宣に承りまして、愈々安住仕って御座ります、もうお許し成されませ

節　神主まだ許せとははるばるの事

問　扠々、今日も段々御神楽敷の儀に御座候得ば、日も西に傾きまして御座る。あとで御神楽仕へ奉

るによりお許し下されませ
節　神主、許し難きなけれども、後で御神楽仕へまつると云へるに依りて差し許す
問　有り難う御座る、迚もの事に御杖ともにお許しなされませ
節　神主、此杖は三千世界を我が心の儘に為す宝の杖、此杖は許しがたし
問　左様な御宝の杖とお見受け奉りまして、氏子共に諸々の災いある時は御杖を持ちて追ひ払わんが
為、お願い奉る訳で御座る、何れの道お許し成されませ
節　許し難なけれども氏子守りといふに依りて差し許す、あゝ許しがたねし

九番　磐石舞《ばんぜき》

磐石の面を被り手拭でを以て頬かむりをなし、赤衣を着し初めは鈴と御幣を持ち、次に椀を添へ次に擂粉木を持って舞ふ。数々の講釈あれど茲に略す。ホーホーホー

磐石を八坂神社永友宗行社司は衣装だけを報告し他を省略しているが、大正六年（一九一七）木城尋常高等小学校が編さんした「日向高鍋神楽番付及縁起」では次のとおり説明している。

この神楽は特異なもので「メゴンメ」と呼ばれ国生みの神楽と伝えられる。磐石の面を被り手拭で姉さん被りにする、赤い着物を着て腰にテゴ（手編みの籠）をぶら下げる。初めは左手に大御幣右手に鈴を持って剽軽《ひょうきん》に舞う。

次に御幣と鈴を置き、腰に下げたテゴの中から椀とシャモジを取り出し、楽人や神職と面白い問答をしながら可笑《おか》しな所作をする。次に擂粉木《すりこぎ》を取りだし問答や所作を続けて見物人を笑わせる。擂粉木は男根を表し増産と生殖とを祭祀の目的とした古代の習俗を残すものである。この神楽はその唱言

と共に風俗に害があるとして大神事のときだけに限っている。

十番　神師舞《かんじんまい》

八人乃至十二人にて袴のみを着し襷を掛け、右手に長刀の抜身を持ち、左手に鈴を携へ、次に鈴を捨て抜身の長刀のみにて舞ふ。

舞人唱ふ　振立つる五十鈴の音に神さへて、人の種こそ人の種なり

千早振る我心より為す業を、何れの神かよそに見るべき

剣とる青葉の山に追ひ登り、海路の海もひいて社入

十一番　振揚舞（剣難除の舞）

一人にて始め無手、次に抜身の太刀一振を持ち、次に又一振を添へて舞ふ。

十二番　帳《ちょう》読《よみ》

規程に依る御初穂料を其神事に奉る人々の…以下読めず。因みに「日向高鍋神楽番付及縁起」では幣帛料を供した者の住所氏名を祭主が神霊に奏上するとある。

十三番　祝　詞

御初穂料其他物品を奉納せられし人々の武運長久、商売繁昌、火除病除及家内安全を神霊に祈り奉る。

十四番　闢開神楽

二人にて舞衣を着し、右手に鈴を持ち左手に扇子を携えて持へて舞ふ。

十五番　闢開鬼神

鬼神面をかぶり鬼神服を着し、腰に御幣をはさみ、右手に御幣付の杖を携へ左手に扇子を持ち天を仰ぎて舞ふ。

舞人唱ふ　抑々、天地陰陽の根源なり、青海原や天津御鉾の露落ちて、太島とならなば国はあるまじ

十六番　繰卸舞

八人乃至十二人にて袴のみを着し、初め御神楽を演じ、次に左手に綱を持ち右手に鈴、次に綱のみを持って舞ふ。

十七番　御笠神楽

二人にて舞衣を着し右手に鈴左手に扇子を携えて舞ふ。

十八番　笠取鬼神

第五番の鬼神舞とほぼ同じ、唯笠を持ちて舞ふところ異なれり。

「日向高鍋神楽番付及縁起」には、前番の御笠神楽が終わらぬうちに舞い始めて、笠を持ったまま

前者の舞手二人の肩をもむ、とある。

十九番　御笠御酒上

一人にて狩衣外を着し、折烏帽子をかぶり神楽の縁起を唱へて神酒を供す。

二十番　御笠将軍

二人にて舞衣を着し手に弓を持ちて舞ひ、後御笠練りの倒れたるを起す。

二十一番　御笠練舞

多人数にて何れも面を被り（各種各様）、御幣を右手に持ち左手にて順次相連なり、或いは転倒し或いは相連りて舞ふ。

二十二番　獅子舞

二人雌雄獅子面を被って舞ひ、次に場内を暴れ回り、次に鬼神に暴行し、遂に捕ふ処となりて舞ふ。

二十三番　綱取鬼神舞

鬼神面をかぶり襷をかけ御幣付きの杖を持ち、すこぶる活発に舞ひ、両手で獅子を取り押さえ舞ふ。

二十四番　寿之舞《じゅのまい》

面を被り舞衣を着し、腰には幣一本を挟み、腰を折りて舞ふ。

二十五番　伊勢舞

一人にて狩衣を着し烏帽子をかぶり太刀を帯び、左手に一本の御幣を持ち右手に鈴、次に扇子のみを持ち、次に素手にて舞ひ、神楽の縁起を唱ふ。

舞人唱ふ　君が代の久しかるべきためしにや、神も植えけん住吉の松
君が代は千代ともささじ天の戸や、月日の出ずる限りなければ
伊勢の国山田が原の榊葉に、心の注連を引かん間もなし
万代と御笠の山に呼ばふなる、天が下こそ楽しかりけれ
抑々我国已に成って三柱の神生《あ》れ出で給ふ、第一に大日孁貴尊《おおひるめのむちのみこと》生《あれ》給ひ（略す）。

――略された部分を「日向高鍋神楽番付及縁起」で補足すると、

此神くしびに光り美はしくましまして、天地の内に照り通り故に御祖神等《みおやがみたち》甚《いた》く喜ばして高天の原を治《しら》しすべしと事依《よさ》し給ひて天に送り上げ奉り給へり。次に月夜見之尊生出《あれいで》給ふ、此命は夜の食国を治《しら》しすべしと事依《よさ》し給ひき、次に素盞嗚尊生出《あれいで》給ふ、此神に海原を治《しら》しすべしと事依《よさ》し給ひき、然るに此神依《よさ》し給へる国を治さず、八拳ひげ胸前《さき》に至るまで啼きいざちき。其泣き給ふ様は青山を枯山なす泣き枯らし、海川悉くに泣き干し給ひ、或は天照大御神の御営《みつく》田の畔《あ》放ち溝埋め、又其大嘗《にえ》聞食す御殿に屎まり散しき、故《かれ》然すれども、天照大御神は咎めずて宣《の》りたまはく、屎《くそ》なすは酔《え》ひて吐き散らすとこそ吾汝兄命《あがなせのみこと》は斯しつらめ、また田《た》の畔《あ》放ち溝埋《う》むは、地を新しくとこそ吾汝兄命《あがなせのみこと》斯くしつらめと宣り直したまへども、猶其悪しき態《わざ》止まずてうたてあり。天照

大御神の忌服屋《いみはたや》にましまして神御衣《かむみそ》を織らしめ給ふ時にその服屋《はたや》の棟を穿ちて、天の斑馬《むちこま》を逆剝ぎに剝ぎて堕《おと》し入るる時に、天の服織女《みそおりめ》見驚きて梭《ひ》に陰上《ほと》を衝《つ》きて身失せき

茲に天照大御神見畏《みかしこ》みて、天の岩屋戸《いはやと》を閉《た》てて差籠りましき。故高天原皆暗くて、葦原の中つ国悉に暗くて常夜ゆく

茲に万《よろづ》の神のおとなひさばえなす皆湧き、万の災い悉くに起りき、是《ここ》を以ちて八百万の神、天の安の河原に神集《かむつど》ひ集《つど》ひて、高皇産霊神《たかみむすびのかみ》の御子思兼神に思はしめて、常夜の長鳴《ながなき》鳥を集《つど》へて鳴かしめて、天の安の河の河上の天の堅石《かたしは》を取り、天の金山《かなやま》の鉄《まがね》を取りて、鍛人天津麻羅《かねちあまつまら》を覓《ま》ぎて、伊斯許理度売《いしこりどめ》命に仰せて鏡を作らしめ、玉祖命《たまりやのみこと》に仰せて八尺《やさか》の曲玉の五百津の御統《すみまる》の玉を作らしめて、天の児屋《こやね》命布刀玉命を呼びて、天の香山《かぐやま》のははかを採りて、占まかなはしめて、天の香《かぐ》山《やま》の五百津の真賢木《まさかき》を根《ね》掘《こ》じにこじて、上枝《ほつえ》に八尺《やさか》の曲玉の五百津の御統《すみまる》の珠を取り著《つ》け、中つ枝に八咫《やた》の鏡を取り繋《か》け、下枝《しづえ》に白和幣《しらにぎて》青和幣《あおにぎて》を取り垂《し》でて、この種々《くさぐさ》の物をば布刀玉の命太御《ふとみて》幣《ぐら》持たして、天児屋根命太祝詞言《ふとのりとこと》ねいまをして、天手力男の神御戸の側に隠り立たして、天宇受売命天の香山の日影を襷に掛けて、天のまさきをカツラとして、天の香山の笹葉を手草《たぐさ》に結ひて、天の石屋戸《いわやど》にほところたき覆槽《うけ》伏せて踏みとどろこし、神懸《かむがか》りして、胸乳《むなち》を掛き出て、裳《も》の緒《ひも》を陰《ほと》に忍《お》し垂りき、ここに高天原ゆすりて八百万の神共に咲《わら》ひき

茲に天照大御神天の岩屋戸を細目に開きて内より宣《の》りたまへるは、吾《あ》が隠《こも》りますに因りて、高天原おのづから暗く、葦原中つ国も皆暗けんと思ふを、などて天宇受売は遊びし、また八百万の神諸々笑ふぞとのり給ひき、而して後梢戸より出て臨み給ふとき手力雄神、その御手を執りて引き出だし奉り給き、即ち太玉命尻久米縄《しりくめなわ》を其御後方《みしりへ》に引き渡して、ここより内にな還り入りまし

そと白《まお》し給ひき、かれ天照らす大御神の出でませるによりて、高天原も葦原中国もおのづから照り明りき、此の時ぞ御神楽の始めとは成りける
千早振る我心よりなす業を　何れの神かよそに見るべき

二十六番　手力雄舞

手力雄の面をかぶり烏帽子を頂き、左手に幣二本を持ち右手に鈴を持ちて舞ふ。
舞人唱ふ　振立つる五十鈴の音に神さへて、人の種こそ人の種なり
暗き夜に暗き夜に何とて岩戸明けにけり、さよつげ人のと神楽やあら不思議に候もの哉、我れ権現なり、次に大神の光を出でと出でたし給はらん候もの哉、いざや戸開の明神とまします天の岩戸を取りて引き開き、日の光を出だし一切四方の世上に拝ませ申さん
千早振る我心より為す業を、何れの神かよそに見るべき
立帰り立帰りまたも見まくも欲しき哉、御裳川《みもすそがわ》の瀬々の白波

二十七番　戸開雄舞

戸開雄の面をかぶり戸開雄の服を着し、幣付の杖を携へて、次に杖を腰に挟み素手で舞い、次に座して舞ふ。
舞人唱ふ　戸開の神とは我れ権現なり、やあら不思議に候もの哉我れ権現なり、次に大神の光を出し奉らんもの哉、いざや戸開の明神とまします、あの天の岩戸を取引き開き、一切四方の世上に拝

ませ申さむ、ヤア榊葉は何時の時にか
太鼓師唱ふ　折りそめて
舞人唱ふ　岩戸の前に
太鼓師唱ふ　飾りとはせし
舞人唱ふ　ヤー千早振る我心より
太鼓師唱ふ　なす業を
舞人唱ふ　何れの神か
太鼓師唱ふ　よそに見るべき
舞人唱ふ　敷島の道を称えし
太鼓師唱ふ　あれあれとして
舞人唱ふ　天上天元
太鼓師唱ふ　鬼が独尊
舞人唱ふ　ヤー思ひます心は空に
太鼓師唱ふ　通へども
舞人唱ふ　月を手に取る
太鼓師唱ふ　言の葉もなし
舞人唱ふ　ヤー東山小松かきわけて
太鼓師唱ふ　出る日の
舞人唱ふ　あれほど高き

太鼓師唱ふ　海の原なり
舞人唱ふ　ヤー月と日と一つつれまの
太鼓師唱ふ　池の水
舞人唱ふ　澄まん限りは
太鼓師唱ふ　ありあきとして

二十八番　太神《だいじん》

太神面を被り太神服を着し、天冠を頂き、両手に岩戸と日月持ちて座す。

二十九番　神送り神楽

御笠神楽と同じ、やや短し。

以上、二十九番が報告され、「日向高鍋神楽番付及縁起」にある「三番荒神返」と「十四番地割」、「三十一番柴舞」はこの時点ですでに伝承されていなかったことが分かる。特殊神事で記載されなかった「荒神返」と「地割」、「柴舞」は次のとおり。

第三番　荒神返

四方に一人ずつと中央に一人の五人舞。烏帽子をかぶり狩衣を着ける。この舞は大神事の前夜の「氏人の神事」に於いても、一番の御神楽、十四番の地割と共に舞われるもので土地を浄める神楽と言われる。

舞人唱ふ　抑々、まはり来れる年の御次第《ついで》申せば、辛丑歳周《かのとうしのとしめぐり》ける元三初りて天門な周地門なさたる

今朝の朝日の、豊栄登りますには白金に花咲くと申す、夕日の豊天上《のぼ》り下りますには黄金の見え成ると申す、寿明神門、神門かのふか時を以て神の御門をし周り申さめし給ふ、夫れ日本は帝朝の御門豊葦原の中津国、皇上花の京都《みやこ》平之京、京よりは西西方よりは辰巳に当り、豊後に界ひて日向の国は五郡八院五つの都、殊に取り分けて候て新納の院に斎はれてます比木五社大明神、地邑のおばねの敷地に齢久しく決定仕り候此の方、朝には霧を蒙り夕には星を頂き、諸神潔斎にして二つの心を一にしなし、何くよりもセウリウ《（ママ）》清浄にて取り整へ申さしめ給ふ、殊に此御注連を誉め奉るに、上にゐんを二つぬく事は日神月神是をまなべたり、幣帛をさす事は三十三天をまなべたり、八つ注連を引く事は今日今夜の八卦九星の星の綱なり、殊に此御注連に勧請申し奉るは、天照皇大神宮、八幡大神宮、春日大明神勧請申し奉る、蛭子命、素盞鳴命、吉田大明神、熊野権現、比木大明神並神明宮、神門大明神、大年大明神、宮田大明神、八幡白山竜之宮、天神霧島大権現、鵜戸大権現、福之八幡都萬宮、国中の神社日本大小の神祇、殊に取分け取整へ候ものは御供御酒折米しとう立とう社けんの御花米丸之御鏡、何くよりもセウリウ清浄にて取整へ申さしめ給ふ、数の御神楽なし給ふ、再拝再拝敬て申す

山里は夜こそ寝られぬ中々に、松福風に驚かされて

山里は夜こそ寝られぬ中々に、八幡の馬場に朝日射すまで

山里は育ちは何処ぞと石清水八幡の馬場の若松の枝

第十四番　地割

五人舞。三番の荒神返と同じく中央と四方に一人ずつ立つ。面帽子を被り白衣に袴をはき襷を掛け太刀と鈴を持って舞う。この神楽はその唱言のため明治の中頃から長く舞われなかったが近年復活したものである。

舞人（中央）唱ふ　目出度きかな貴きかな、うざんの帝を奉るに言語道断殊勝に候者哉、夫れ日本初めて国を領取し奉り歳月年号何時なるらん、栄惣（永祚）元年辛卯の年、東方に青帝青竜王、南方に赤《しゃく》帝赤《しゃく》竜王、西方に白帝白竜王、北方に黒帝黒竜王、中方に黄帝黄竜王、此の如く五方に五石かいおりし立存じ候処、弓をあいどの袋に、矢をばごけつの筒に入れたて、大ぞうかいの箱に入れりし立存じ候が、各々利権を抜き以て洩らししまします、神明の御託宣の如何に

舞人（東方）唱ふ　言語道断殊勝に候者哉、東方と謂っぱ、方を申せば甲乙《きのえきのと》の方なり、御主を申せば青帝青竜王と現じ給ふ、命を申せば天之八十萬日魂命と現じ給ふ、東方よりも悪魔打ち来らずと存じ

舞人（中央）唱ふ　東方の謂れは此の如く細々に承はられ候が、是より南方に御立ち守護しまします、神明の御託宣の如何に

舞人（南方）唱ふ　言語道断殊勝に候者哉、南方と謂っぱ、方を申せば丙丁《ひのえひのと》の方なり。御主を申せば尺（赤）帝尺（赤）竜王と現じ給ふ、命を申せば天之あい魂命と現じ給ふ、南方よりも悪魔打ち来らずと存じ

舞人（中央）唱ふ　南方の謂れは此の如く細々に承はられ候が、是より西方に御立ち守護しまします神明の御託宣の如何に

舞人（西方）唱ふ　言語道断殊勝に候者哉、西方と謂っぱ、方を申せば庚辛《かのえかのと》の方なり。御主を申せば白帝白竜王と現じ給ふ、命を申せば天八百日魂命と現じ給ふ、西方よりも悪魔打ち来らずと存じ

舞人（中央）唱ふ　西方の謂れは此の如く細々に承はられ候、是より北方に御立ち守護しまします
神明の御託宣の如何に

舞人（北方）唱ふ　言語道断殊勝に候者哉、北方と謂っぱ、方を申せば壬癸《みずのえみずのと》の方なり。御主を申せば黒帝黒竜王と現じ給ふ、命を申せば天之三下魂命と現じ給ふ、北方よりも悪魔打ち来らずと存じ

舞人（東方）唱ふ　北方の謂れは此の如く細々に承はられ候、是より中央に御立ち守護しまします
神明の御託宣の如何に

舞人（中央）唱ふ　言語道断殊勝に候者哉、中方と謂っぱ、方を申せば戊己《つちのえつちのと》の方なり。御主申せば黄帝黄竜王と現じ給ふ、命を申せば天之八下魂命と現じ給ふ、北方よりも悪魔打ち来らずと存じ

舞人（東方）唱ふ　中央の謂れは此の如く細々に承はられ候が是より天の如何に、天より一度うんろの事此所に悪魔を降来らんと存じ、外には天の大方を申し降し、内には天かいびゃくかい申下し、前には旗を立て木萬神方はしん山ふうにてまします、太鼓を打ち銅拍子を合せ笛を吹き舞の袖を翻《ひるが》へし、天より悪魔打来らずと存じ、天の謂れ此の如く細々承はられ候が、是より大地は如何に大地と謂っぱ、昔ばんご大太五郎の王子の持ちたる大地なり、地の深き事五万五千五百五十五尋五厘五分なり、其の下に火輪水輪風輪一つある廻り、其の下に万行といふをつて大地をもたへ守護しまします、大地よりも悪魔打起こらずと存じ、大地の謂れ此の如く細々に承はられ候が是より十二方は如何に、ぎんかはり十二方、子の方には子腹大小、丑の方には丑腹大小、東方取っても

長楽長、南方取っても長楽長、西方取っても長楽長、北方取っても長楽長、中方取っても長楽長、方切こ切る程に金《こがね》の大地と固めたり、弥固めたり、昔や山大らの三年奈良石長門こそ立附よ弥立附よ弥立附よ

第三十一番　柴舞

二人舞。白衣に黒袴をはき、刀を腰に佩《は》き、両手に夫々榊の束を持って舞う。その後異様の奏楽裡に薪を燃やす。この神楽は別の浄地で行はれ、昔は牛七駄半の薪を燃やす定めと伝えられ、また残り火を供える行事があり、かつては残り火を踏んで渡る等の行事が行はれた。

特殊神事付記

一、経費は均四五百円を要し（関係町村内奉納金を以てす）、当番神社（大神事を行ふ神社）社司連合大神事主任となる。

二、祭典は時刻到らは神籠を立て、祭場に着席し祓式を行ひて、当該神社の御分霊を奉献し、関係町村内神社の神霊を招請し、当日天地神明を招請す。次に献饌をなし祝詞奏上玉串拝謝、終つて撤饌をなさす引続き御神樂を次々に奏するなり。然して天照大神岩屋戸を御出ましの御神楽の頃、日の出になる御神楽全部をなして、撤饌昇神行事より御分霊の還御となり、終て直会式を行ふを例とせり。

資料六

六社連合大神事御神楽繰出帳（平成三十年）

表紙　六社連合大神事神楽繰出帳

式次第並びに所役

典儀　永友郁央（川南）
太鼓　神田徳智（比木）
笛　立元和哉（川南）
　　宇田須久未（高鍋）

一、開式の辞
　典儀　永友郁央（川南）

一、参道

一、先導提灯　宮山竜作（比木）

一、修祓
　祓主　永友敬人（川南）
　大麻　長友暢輝（比木）
　塩湯　森　成巨（高鍋）

一、降神の儀
　比木大神降神　橋口清文（比木）
　五社大神他降神　永友敬人（川南）
　露祓　長友暢輝（比木）
　御錠後取　森　成巨（高鍋）
　警蹕　宇田須友嘉（高鍋）
　　　森川大平（川南）
　提灯　宮山竜作（比木）

一、斎主一拝　橋口清文（比木）

一、献饌

陪膳　永友敬人（川南）
膳部　永友幸子（高鍋）
一の手長　清　芳邦（三納代）
二の手長　永友丈晴（高鍋）
三の手長　森川大平（川南）
一、献燈（五社分）
三納代八幡伶人五名
一、祝詞奏上
祝詞後取　森　成巨（高鍋）
軾　後取　森川大平（川南）
献燈　宮山竜作（比木）
一、玉串拝礼
玉串後取　長友暢輝（比木）
玉串案後取　森川大平（川南）
一、一番神楽　宇田須友嘉（高鍋）
森　成巨（高鍋）
※一番神楽準備中
御神酒カッポ酒授与
一番神楽奉納の後

せんぐ（数回）
だご汁
子供かぐら
夜神楽
日向高鍋神楽
三納代神楽
一、徹饌
一、昇神の儀
露祓　長友暢輝（比木）
御錠後取　森　成巨（高鍋）
警蹕　宇田須友嘉（高鍋）
森川大平（川南）
五社他昇神　永友敬人（川南）
比木大神昇神　橋口清文（比木）
奉仕者
比木　宮司　橋口清文
禰宜　神田徳智
伶人長　佐伯真人
伶人　宮山竜作

伶人　長友永晶
伶人　村上悦久
伶人　黒木朝日
伶人　藪押力聖
高鍋　愛宕宮司　永友丈晴
宇田須友嘉
森　成巨
宇田須久美
八坂禰宜　永友幸子
川南　平田宮司　永友敬人
禰宜　永友郁央
立山和哉
森川大平
三納代八幡　宮司　清　芳邦
伶人　東　敏彦
中山真一
三好勝彦
岡本啓二
矢野良夫

野田勝己
川上勝平
税田賢司
子供　清鴻太郎
子供　矢野緋菜
神門　夏田　宙
仲仕　長友暢輝
森川大平
太鼓師　神田徳智
長友暢輝
森川大平
笛師　神田徳智
佐伯真人
長友暢輝
宇田須久美
立山和哉
一、一番神楽　宇田須友嘉
森　成巨
二、花の手　宮山竜作

三、荒神返し　永友永晶
四、太神舞
五、敏伐舞
六、鬼神舞　長友暢輝
七、将軍の舞　宇田須友嘉
宮山竜作
八、問舞
九、節舞
十、舞揚　宇田須久美
十一、磐石舞　佐伯真人十
十二、神師舞
十三、振揚舞　藪押力聖
十四、地割
十五、帳読　宮司　橋口清文
十六、祝詞　宮司　橋口清文
十七、闢開神楽　黒木朝日
藪押力聖
十八、闢開鬼神　森　成巨

十九、繰掛卸舞
二十、御笠神楽
二十一、笠取鬼神
二十二、御笠神酒上
二十三、御笠将軍
二十四、御笠練舞
二十五、獅子舞
二十六、綱取鬼神舞
二十七、寿之舞　長友暢輝
二十八、伊勢舞
二十九、手力雄舞　黒木朝日
三十、戸開雄の舞　長友暢輝
三十一、太神
三十二、繰卸舞　森川大平
立山和哉
宮山竜作
永友永晶
夏田　宙
村上悦久

宇田須友嘉
森　成巨
三十三、神送神楽　佐伯真人
夏田　宙

三納代神楽
一、かんなぎ　矢野緋菜
二、花の手　宮山竜作
永友永晶
三、伊勢舞　川上勝平
四、手力　家光柚希
五、荒神　清鴻太郎

資料七

御神楽繰出帳（昭和四十一年）

表紙
昭和四十一年十二月五日
御神楽繰出帳
比木神社

六、綱切　矢野良太
七、宝剣　東　敏彦
清　芳邦
中山真一
税田賢司
三好勝彦
八、鬼神　野田勝巳
九、岩通し　野田龍之介
東　千隼
兼重瑠偉

一、太鼓　橋口定巳（木城）
一、笛　永友芳広（川南）
一、神楽　上野泰道（川南）
永友丘甫（川南）

一、花の手　黒木　保（高鍋）
　　　　　　永友芳広（川南）
一、太神　黒木　保（高鍋）
一、敏伐　上野泰道（川南）
　　　　　　永友丘甫（川南）
一、鬼神　黒木　保（高鍋）
一、将軍　上野泰道（川南）
　　　　　　永友丘甫（川南）
一、問　橋口定巳（木城）
一、節　黒木　保（高鍋）
一、磐石　上野泰道（川南）
一、神師　全　員
一、振揚　永友芳広（川南）
一、帳読　宮　司
一、祝詞　宮　司
一、闢開神楽　上野泰道（川南）
一、闢開鬼神　永友丘甫（川南）
一、繰卸　全　員
一、御笠神　永友丘甫（川南）

一、笠取鬼神　黒木　保（高鍋）
　　　　　　永友芳広（川南）
一、御笠神酒上　橋口定巳（木城）
一、御笠将軍
一、獅子舞　永友丘甫（川南）
　　　　　　上野泰道（川南）
一、綱取鬼神　黒木　保（高鍋）
一、寿之舞　永友丘甫（川南）
一、手力　永友芳広（川南）
一、戸開　上野泰道（川南）
一、神送　永友丘甫（川南）
　　　　　　上野泰道（川南）

宮司　壱岐勝行
禰宜　橋口定巳（木城）
神楽方　永友芳広（川南）
神楽方　上野泰道（川南）
神楽方　黒木　保（高鍋）
鵜戸神社　宮司　岩切福年

福智王墓石　2019.9.30

資料八

福智王墓石

福智王墓と伝える五輪塔が比木神社大鳥居の南東五〇メートルほどの所にある。高さ一メートル余、横長の平たい地輪、球形の水輪、軒は薄く少し反りがあり、四隅を反りのある線で切る火輪。水輪は鎌倉期、火輪は室町期のにおい、地輪は江戸期の特徴をもつ。江戸前期の五輪か。

寛政四年（一七九二）閏二月十二日、比木神社を訪れた高山彦九郎は福智王墓をみて

「二ノ鳥井（略）ヨリ南半丁斗り福智王子の墓有り、五輪塔壱尺七八寸の丸石也、古からず」と記す。

資料九

之伎野《しぎの》妃墓石

高鍋町大字持田字鴫野に、比木神社祭神福智王の母之伎野墓石と伝える、高さ一メートル余の五輪

之伎野妃墓石　2019.11.4

塔がある。一般的に鎌倉時代の五輪塔は地輪は方形に近く、水輪は球形、火輪は軒厚で四隅を直線で切り、どっしりとした格調の高さが感じられるなどと言われる（『図説歴史散歩事典』山川出版社）。之伎野妃の五輪塔は鎌倉時代と推定してよいのではないかと思う。少なくとも江戸期の五輪塔ではない。

周辺に僧侶墓卵塔が数基見られることから寺院跡と思われるが不明。『日向地誌』に正祐寺址があり、「宗派審ナラス牛ヶ道原ノ西南麓ニアリ廃毀ノ年月考フヘカラス、一叢祠猶存ス、今地名トナル」とあるが、地理的知識がないため推定できない。

「梵字　権大僧都法印祐盛和尚位　長照寺　享保十一年不明」と刻字された僧侶墓がある。長照寺は比木大明神（比木神社）の別当寺、十一世に吉祥院祐盛という僧侶がいる。

比木神社の一年

正月初詣
令和３年(2021)
正月２日

▲新年の幸せを願う
2021.1.2

▲初詣者が続く　2021.1.2

◀初詣者相手の出店

師走祭り

平成26年(2014)〜令和2年(2020)

▲師走祭り出発　2020.1.22

▶ドン太郎祭　2019・1・19

▲金ヶ浜での禊を終えた橋口宮司　2014.1.24

◀比木一行を迎えに出発する神門一行
2014.1.24

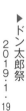

▲神事の後神楽
奉納　鬼神舞

▶
鬼神によるお祓い

◀手力雄舞奉納

お里まわり
令和２年(2020)
10月24日

▲
悪疫退散も祈念
したお里まわり

▶
宮田神社祭神
福智王妃参り
がお里まわり
の目的

▲宮田神社宮司による神事

▲お祓い

▲大年下り出発、多賀神社へ

▼高鍋の海岸に浜下り

◀坂本愛宕神社
での神事

裸祭り
平成29年(2017)
11月14日

▲安全を祈念して
川に入る

▶
注連縄を鳥
居柱に結ぶ

中椎木
愛宕神社祭
令和２年(2020)
11月21日

▲中椎木地区の安全と豊穣を祈る人々

▲宮神楽ほか6番を奉納

柴伐り

令和元年（2019）
12月７日

◀伐採前に山の神に、
安全を祈念する

2トントラック1台、▶
軽トラ2台分を確保

注連縄作り

令和２年(2020)
12月23日

▲左縄に縒りを入れる

▲ワラ打ち

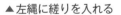

ヤマ作り

令和元年(2019)
12月6日

▲山がたの鉄材に
柴を括りつける

▶
舞処にベニア
板を張る

▶
前年の注
連縄は大
クスに掛
ける

終章

高鍋神楽は六社が年順で奉納することを決めたことにより、比木神社を除いた当該神社は六年に一回の奉納となった。県内神楽保存団体には神楽関係者に不幸があると、その年の神楽を中止する所があり、止めたことによる一年間のブランクは翌年の神楽奉納で結構苦労すると聞く。まして六年間の空白は舞い方や唱教などを忘れ、初めからやり直しということになるのではないだろうか。現に六社連合の白髭神社では継承が途絶えている。一旦継承が絶えると復活、復元には関係者の多大な努力と地元の理解と協力が無ければ実現は不可能であろう。

平成三十年の六社連合大神事当番神社は高鍋愛宕神社であったが、夜神楽ではなく日中の神楽奉納であった。なぜ昼神楽か。理由は遡る六年前、夜神楽奉納のとき警察車両が来て、太鼓がうるさいとの苦情があったという。もしかすると終日の就労で疲れ、眠ろうとするが太鼓が耳につき、苛立ちもあっての通報かと想像しないでもないが、五穀豊穣、村中安穏、家内安全、無病息災などを願って奉納する神楽、まして六年に一度で一夜だけのことであり、太鼓の音を許す広い心はないのだろうか。

令和二年は三月からコロナウイルス感染拡大を懸念して、宮崎や日南地方の春神楽や十一月から奉納される県北・県央の夜神楽は軒並み縮小の実施となった。そうしたなか、比木神楽は、十二月六日昼神楽七番が本殿前に設えた神庭で奉納された。神楽奉納に先だって本殿で神事が行われ、五穀豊穣や村中安全など例年の祈念に加え、コロナ禍早期終息も祈念された。神事が終わって氏子総代を前に、「今年のように縮小した祭礼奉納は記憶がない、ただ百数十年前にはあったらしい」と橋口宮司が話された。

嘉永三年（一八五〇）六月晦日、疫病が流行し祈禱所で祈禱があった（※1）。疫病は疱瘡、宮司が話されたのはこのことだろうか。元文元年（一七三六）六月にも痢病（赤痢）が蔓延し、藩は祈禱所日光院で祈禱した（※2）とある。医療が未熟であった江戸時代、藩政は疫病鎮静を祈禱に頼るしかなかったのである。

さて、今わが国は新型コロナという疫病が蔓延、治療薬開発は目途がたたず、ワクチンは外国頼みの現状、正月二日双石山中腹の姥ヶ岳神社初詣で、疫病退散を祈願した。まさに江戸時代に逆戻りである。早く普段の生活に戻り、神楽や祭りに行けることを待ち望んでいる。

令和三年一月

※1『宮崎県史料第四巻　高鍋藩続本藩実録（下）』宮崎県
※2『宮崎県史料第二巻　高鍋藩拾遺本藩実録』宮崎県

※本書をまとめるに当たって、比木神社橋口清文宮司、同社神田徳智禰宜、三納代八幡神社清芳邦宮司、同社岡本啓二神楽長、同社中山真一前神楽長の皆様には、舞い方の記述や唱教、問答など適切なご助言をいただきました。誠にありがたく感謝申し上げます。

協力
高鍋町教育委員会
木城町教育委員会
新富町教育委員会
比木神社氏子総代会
日向市　海野　友志氏　寺原　正氏
美郷町　原田須美雄氏
都農町　黒木　寛貴氏
木城町　橋口　清文氏、神田　徳智氏　粟田　吉博氏
高鍋町　永友　清隆氏　永友　丈晴氏
新富町　清　芳邦氏　岡本　啓二氏、中山　真一氏　宇都宮　正和氏

参考資料
『木城町史』木城町
『高鍋町史』高鍋町

終わりに当たって

――神楽調査に対する決意――

昭和六十二年から令和二年まで調査した県内神楽は、ビデオやカメラによるデータで確認すると二一四か所、勿論これには数回訪問した保存団体もあり重複した回数である。

神楽との出会いは昭和四十年（一九六五）椎葉村立不土野小学校へ赴任したことによる。校区内に不土野と古枝尾に夜神楽が伝承されており、祭り当日は校長をはじめ全職員が招待された。神楽について何の知識もなく似たような舞が続くなか、焼酎をすすめられて夜中には帰宅していた。五十数年前は解説資料も演目名を明示した垂れ紙もなく、神楽の夜は専ら飲酒で勿体ない三年だったと反省、神楽に興味を持ち始めた後年両神楽は調査を済ませた。

昭和五十八年県総合博物館に転勤となり、県内外から祭りや神楽についての質問があるが、充分答えられない反省から、県内神楽全てを調査するとの決意のもと土日は努めて調査に出かけた。当時唯一の神楽資料『高千穂神楽』から知識を得て浅ヶ部や上野など高千穂神楽へ、夜神楽シーズンが終わると宮崎や日南の作神楽へも足を延ばした。

昭和六十年頃『宮崎県史民俗編』、平成初めは『日之影町史』『北浦町史』の執筆を依頼され県北部を集中的に調査した。

平成二年（一九九〇）教育庁文化課へ転任、「宮崎県の民俗芸能」の調査報告に携わり、平成五年北浦町に転勤すると、町内をはじめ大分県蒲江町、佐伯市、三重町など県境の大分神楽と宮崎神楽との関連を調べた。

高鍋神楽については平成二年一月八坂神社での神楽を見たのが最初、勇壮な綱切や軽快な将軍などが印象に残り、一応高鍋神楽は見たということで以後高鍋神楽は疎遠になっていた。

理由として比木神楽奉納の十二月第一土日は、椎葉村嶽之枝尾や西米良村村所、高原町狭野など八か所、第二週は高原町祓川神楽など八か所、高鍋町八坂神楽が奉納される一月上中旬は諸塚村南川神楽や戸下神楽、日之影町大人神楽、五ヶ瀬町桑野内や古戸野の神楽など一七か所で奉納されるなど、調査上非常に目移りする激戦の時季である。

六、七年前、高鍋神楽を改めて調査しようと、平成二十六年一月八坂神楽、翌年一月三納代神楽の調査に行ったが、高鍋神楽の本家比木神楽に行っていないことに気づき、平成二十九年、同三十年、令和元年、令和二年と集中的に調査した。しかし比木神社の神職・伶人が演舞できる演目全てを見ることは未だ叶っていない。

県内の神楽保存団体は二〇四（『宮崎県民俗芸能緊急調査報告書』）、このうち未だ調査していない神楽は、高千穂と日之影の日神楽十数か所、北方や諸塚の数か所これらは概ね数番の伝承、その上十二月から一月にかけて奉納されることが延び延びになっている要因である。

令和三年二月宮崎市長嶺神楽保存会から「（前年度聞取り調査で面や衣装保全について話す）今年は会長に見ていただいて、ご指導をいただく予定にしていましたが、新型コロナ感染症対策のため神事のみ行うことになりました」との通知を、日南市潮嶽神社宮司からも同様な連絡をいただいた。

県内神楽全ての調査を決意している者にとってコロナ禍はまことに厄介な存在、未調査神楽は奉納がほぼ同時期に重複していることもあり、さらに後期高齢になっていることを考慮すると、目標達成は無理かもしれないと思う昨今である。

[著者略歴]

前田 博仁（まえだ ひろひと）

1965年　宮崎大学卒、県内小学校、県総合博物館、県教育庁文化課、県立図書館に勤務

2003年　宮崎市立生目台西小学校校長定年退職

現　在　宮崎民俗学会副会長、宮崎県みやざきの神楽魅力発信委員会副委員長、宮崎県伝統工芸品専門委員、高鍋神楽記録作成調査委員（参与）、日南市文化財審議会委員、日本山岳修験学会会員

著書等　『鵜戸まいりの道』、『歩く感じる江戸時代、飫肥街道』（鉱脈社）、『近世日向の仏師たち』（鉱脈社）、『薩摩かくれ念仏と日向』（鉱脈社）、『近世日向の修験道』（鉱脈社）。mrtポータルサイト miten（ミテン）に「みやざき風土記」、「宮崎、歴史こぼれ話」執筆中。

共　著　『宮崎県史（資料編民俗・別編民俗）』、『日之影町史』、『北浦町史』、『日向市史』、『清武町史』ほか

みやざき文庫 144

比木神楽

── 百済王族祭祀と高鍋神楽の広がり ──

2021年 4 月20日 初版印刷
2021年 4 月30日 初刷発行

著　者　前田 博仁

発行者　川口 敦己

発行所　鉱脈社
宮崎市田代町263番地　郵便番号880-8551
電話0985-25-1758

印　刷
製　本　有限会社 鉱脈社

印刷・製本には万全の注意をしておりますが、万一落丁・乱丁本がありましたら、お買い上げの書店もしくは出版社にてお取り替えいたします。（送料は小社負担）

みやざき文庫

著者既刊本

近世日向の仏師たち

宮崎の修験文化の一側面

江戸時代後期、人々は幕藩体制の境界をこえて行きかい、文化を交流した。その担い手が、修験僧の活躍である。宮崎平野に残る仏像に光をあて、廻国僧と地元修験の活動を掘りおこす。近世宮崎平野の修験文化の豊かな土壌。

定価１８４８円

薩摩かくれ念仏と日向

一向宗禁制と六十六部

一向宗を禁制した薩摩藩。信者たちは信仰の灯を守る一方、藩境を越えて逃亡する信者もいた。そうした信者たちを日向諸藩の一向宗寺院は迎え入れ、生活の地を提供した。薩摩の一向宗禁圧の背景や実態から、「二重鎖国」の内実を描く。

改訂版編集中（今夏刊行予定）　予価２６４０円

近世日向の修験道

日向各藩における修験と藩政

かつて日本社会に溶けこんで暮らしを支えてきた修験文化。日向諸藩の宗教政策をひもとき、藩政における修験道の位置を解明する。修験道の歴史に新たな光をあてる労作。

定価１６５０円